공부의힘

10대를 위한 성장의 말 Vol.1

10대들의 공부 멘토 한재우 작가의 단단한 공부 조언

공부의 힘

한재우 지음

내 앞의 공부 질문 네 가지

공부의 기본 | 공부의 태도 | 공부의 기술 | 공부의 자신감

더메이커

공부를 대하는 태도와 마음을 변화시키는 여정을 시작하세요

마음의 힘에서 결정난다

"공부하는 게 너무 힘들어요."

학생들에게 수없이 듣는 말이다. 분수의 나눗셈이 힘든 초등학생부터 비문학 문제 풀이가 버겁다는 고등학생까지 나이와 상관없이 모든 학생들이 공부가 힘들다는 말을 당연하게 한다. 왜 그럴까. 공부는 정말 힘든 것일까.

뇌과학과 학습법에 정통한 어떤 교수는 "공부야말로 쉬운 것"이라고 단언한다. "책상 앞에 가만히 앉아 눈앞에 책을 하나 펼쳐놓고 읽는 것이 공부 아니냐"는 것이다. 극단적으로 들릴 수는 있지만 아주 틀린 이야기는 아니다.

뜨거운 여름날 풀 베기, 트럭에서 무거운 짐 싣고 내리기, 겨우내 얼어 있던 딱딱한 땅을 삽으로 파기 등과 비교하면 공부는 그야말로 '노는 일'에 가까울지도 모르겠다.

그럼에도 왜 공부가 힘들다고 아우성일까. 결국 공부가 힘들다는 것은 몸이 아니라 마음이 힘든 것이다. 우리나라 입시에 '기승전-멘탈'이라는 말이 있다. 최종 승부는 멘탈, 즉 마음의 힘에서 결정이 난다는 이야기다. 멘탈이 약할 때 나타나는 가장 큰 문제는 두 가지다.

첫째, 지속성이 부족해서 꾸준히 공부하지 못한다.

둘째, 어려움을 만나면 쉽게 포기한다.

작은 자극에도 쉽게 무너지니 꾸준한 공부가 어렵다. 둘 다 공부를 잘 하는 데는 치명적인 단점이다.

어떻게 해야 마음의 힘을 기를 수 있을까

그렇다면 어떻게 해야 마음의 힘을 기를 수 있을까.

약한 멘탈을 단단히 하는 데 있어 오래전부터 내려온 효과적인 수행 방법이 한 가지 있다. 필사(筆寫), 즉 베껴 쓰는 일이다. 기독교에는 성경 필사하는 분들이 적지 않고, 불교에는 사경(寫經)이라 하여 아예 경전을 베끼는 것을 중요한 수행으로 삼았다. 힌두교와 이슬람교 역시《리그베다》, 《쿠란》과 같은 경전을 베껴 쓰면서 마음의 힘을 기르라고 가르쳤다.

좋은 구절을 정성들여서 따라 쓰면, 단순히 읽고 넘어갈 때보다 기억에 더 많이 새겨짐은 물론이거니와 뜻밖의 통찰이 일어나는 경우가 많다. 다시 말해 가슴에 깊이 새겨지는 것이다. 마음은 눈에 보이지 않는 물건이지만, 필사를 통해 마음에 무언가를 새길 수 있다는 사실을 인류의 지혜는 오래 전부터 알고 있었다.

공부의 기본/태도/기술/자신감의 주옥같은 글 60편

이 책은 공부하는 이들이 필사를 통해 마음의 힘을 기를 수 있도록 기획되었다.

챕터1 공부의 기본 공부가 무엇인지, 그 방향성을 다루었다.

챕터2 공부의 태도 공부를 대하는 바람직한 마음가짐을 다루었다.

챕터3 공부의 기술 효율적으로 공부하는 방법을 다루었다.

챕터4 공부의 자신감 누구나 공부를 잘할 수 있음을 다루었다.

각 챕터마다 15개의 글을 실었으며, 챕터 끝에 챕터를 아우르는 칼럼을 하나씩 실었다. 글 하나에 관련 명언이나, 저자의 말을 배치하여 직접 필사할 수 있는 공간을 두었다. 또한 글의 끝에 '오늘의 질문'을 두어 글의 내용을 되새기면서 자신의 공부에 적용할 수 있는 시간을 갖도록 의도하였다.

전체 글은 60개이다. 습관 형성에 최소한으로 요구되는 시간이 대략 60일이라고 한다. 60편의 글을 하루에 하나씩 읽고, 쓰고, 질문에 답해 간다면 마음의 힘을 기르는 최소한의 시간을 스스로에게 부여할 수 있을 것이다. 60일의 시간 동안 이 책과 함께한 뒤, 이 책 속의 '공부의 말들'이 온전히 여러분 '자신의 말'이 되기를 기원한다.

한재우 드림

이 책은 이렇게 구성했어요

공부의 기본/태도/기술/자신감을
주제로 한 주옥같은 글 60편을
담았어요.

글의 주제와 짝이 되는 명언을
배치하여, 직접 필사하며
마음에 새길 수 있도록
하였어요.

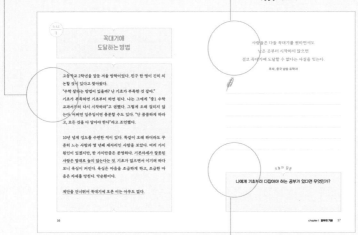

〈오늘의 질문〉을 두어 글의
내용을 되새기며 자신의
공부에 적용할 수 있도록
하였어요.

이 책을 이렇게 활용하세요

1 제목을 보고 끌리는 글 어디서든 시작해도 괜찮다. 하지만 전체적인 흐름을 고민하여 구성한 만큼 가급적 차례대로 읽어 나가기를 권한다.

2 매일 일정한 시간을 정하여 이 책을 펴면 좋다. 하루의 시작도 좋고, 하루를 마감하는 시간도 좋다. 공부 시작 전의 특정한 시간도 좋다.

3 같은 장소, 같은 시간에 하는 것이 좋다. 우리 뇌는 같은 시간에 같은 행동을 하면 그것을 조건화하여 쉽게 몰입에 빠져든다.

4 필사하는 시간은 마음에 새긴다는 느낌으로 정성껏 임하자. 의무감으로 하는 것이라면 공연한 시간 낭비. 정성을 들인 만큼 마음에 새겨지기 마련이다.

5 〈오늘의 질문〉에는 천천히 생각하며 솔직하게 적어보자. 만약 오늘의 질문에 할 말이 별로 없다면 좋지 않은 신호다. 그동안 수동적으로, 고민 없이 공부해왔다는 증거이기 때문이다. 언젠가 질문에 대한 여러분의 대답이 흘러넘치기를 진심으로 기원한다.

contents

chapter 3
공부의 기술

chapter 4
공부의 자신감

chapter 1

공부의 기본

꼭대기에
도달하는 방법

고등학교 2학년을 앞둔 겨울 방학이었다. 친구 한 명이 긴히 의논할 것이 있다고 찾아왔다.

"수학 잘하는 방법이 있을까? 난 기초가 부족한 것 같아."

기초가 부족하면 기초부터 하면 된다. 나는 그에게 "중1 수학 교과서부터 다시 시작하라"고 권했다. 그렇게 오래 걸리지 않는다. 어쩌면 일주일이면 충분할 수도 있다. "단 꼼꼼하게 하라고, 모든 것을 다 알아야 한다"라고 조언했다.

10년 넘게 검도를 수련한 적이 있다. 똑같이 오래 하더라도 꾸준히 느는 사람과 몇 년째 제자리인 사람을 보았다. 여러 가지 원인이 있겠지만, 한 가지만큼은 분명하다. 기본자세가 잘못된 사람은 절대로 늘지 않는다는 것. 기초가 없으면서 이기려 하다보니 욕심이 커진다. 욕심은 마음을 조급하게 하고, 조급한 마음은 자세를 망친다. 악순환이다.

계단을 건너뛰어 꼭대기에 오른 이는 아무도 없다.

사람들은 다들 꼭대기를 원하면서도
낮은 곳부터 시작하지 않으면
결코 꼭대기에 도달할 수 없다는 사실을 잊는다.

주자, 중국 남송 유학자

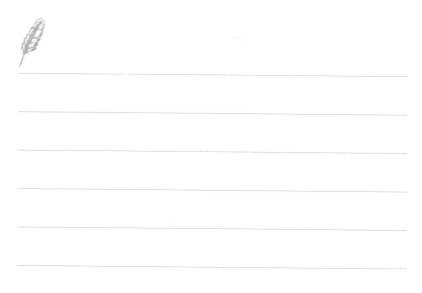

나에게 기초부터 다잡아야 하는 공부가 있다면 무엇인가?

저항의 크기가
나 자신의 크기다

처음 헬스클럽에 갔을 때 20kg의 벤치 프레스도 어려웠지만 얼마 지나지 않아 20kg의 무게가 쉽게 느껴졌다. 나는 30kg으로 무게를 늘렸다. 역시 곧 익숙해졌고, 플레이트를 더 끼워야 했다.

웨이트 트레이닝 기구는 본질적으로 중력에 저항하기 위한 물건이다. 즉, 근력운동이란 중력에 저항하는 훈련인 셈이다. 근육은 저항함으로써 고통을 경험하고, 그 고통을 극복하면서 성장한다. 그러므로 저항이 없으면 성장도 없다.

공부도 꼭 그러하다. 하기 싫을 때도 해야 하는 것이 공부다. 하고 싶은 것을 참는 것도 필요하다. 방해가 되는 일이 생겨도 집중해야 하는 것이 공부다.

이 모든 것이 저항이며 고통이다. 저항은 우리를 성장으로 이끈다. 물러서지 말자. 제대로 저항하자. 저항의 크기가 바로 우리 자신의 크기다.

근력운동이란 중력에 저항하는 훈련이다.

근육은 저항함으로써 고통을 경험하고,

그 고통을 극복하면서 성장한다.

그러므로 저항이 없으면 성장도 없다.

저자

오늘 내가 공부를 위해 해야 할 저항은 무엇인가?

누구나 아는
성공의 비밀

서점에는 온갖 공부 방법 책들이 넘쳐난다. 다들 '단기간'에 '놀랄 만한' 성적을 거둘 수 있는 '차별화된 방법'이라고 내세운다. 표지의 홍보 문구와 유명인의 추천사를 읽노라면, 이 방법대로 따라 하면 당장이라도 고득점을 거머쥘 것처럼 느껴진다.

하지만 잊지 말아야 할 분명한 사실이 있다. 하늘 아래 특별한 공부 기술은 없다는 것. 왕도건 샛길이건 공부에는 다른 길이 없다. 공자의 가르침대로 '배우고, 생각하고, 익히는 것'뿐이다. 기본은 여기서 벗어나지 않는다.

마치 이전에는 전혀 없었던 것인 양하는 공부 방법들이 널렸어도, 당신은 기본을 믿어야 한다. 그래야 현혹되지 않을 수 있고, 현혹되지 않아야 방황하지 않으며, 방황하지 않아야 목적지에 닿을 수 있다. 당신에게 가장 필요한 것은 공부 기술이 아니라 공부 그 자체다.

성공에는 비밀이 없다.

성공이란 준비, 강인한 노력,

그리고 실패로부터 배운 것의 결과일 뿐이다.

콜린 파월, 미국 국무장관

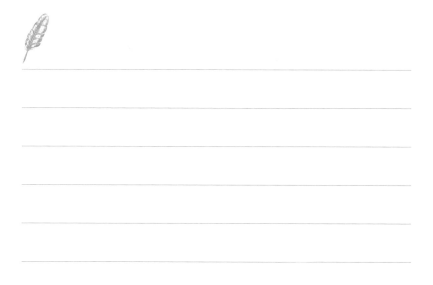

오늘의 질문

내가 방법을 고민하느라 방황하는 대신,
당장 노력을 기울여야 할 영역이 있다면 무엇인가?

흥미는
내가 주도할 때만 생긴다

공부에 재미를 느끼려면 공부보다 앞서나가야 한다. 선행 학습을 하자는 말이 아니다. '자기가 공부를 주도해야 한다'는 말이다. 학원 숙제니 과외니 남이 주는 과제를 허덕거리고 따라가기만 해서는 공부에 재미를 느끼기 어렵다. 그러면 끝내 스스로 공부하는 사람으로 성장하지 못할지도 모른다.

공부가 재미없게 느껴진다면 한 번 생각해 보라. '해야 하기 때문에' 하는 공부 말고, '할 필요가 없는데' 스스로 먼저 공부하고 있는지를.

흥미는 자신이 주도할 때 생긴다. 다른 사람이 주는 과제를 줄이고 내가 부여하는 과제를 늘려보자. 공부 범위와 목표, 기간을 스스로 정하고 평가 역시 스스로 해보자.

처음에는 다소 막막하겠지만, 동시에 왠지 모르는 설렘이 봄바람처럼 살갗을 스쳐갈 것이다. 이 설렘은 주체적으로 공부하는 설렘, 공부보다 앞서나가는 설렘이다.

어디를 가더라도 주인이 된다면
어디에 있더라도 참된 자리일지라.

임제, 중국 선사

공부의 주인이 되기 위해 나는 무엇을 바꾸어야 할까?

특별한 사람도
비범한 길도 없다

공부를 잘하는 방법은 그다지 복잡하지 않다. 내가 아는 아주 명석한 친구들 중 그 누구도, 신데렐라의 유리구두처럼 특별한 비법을 가진 사람은 없었다. 그들은 분명 더 많이 노력했으며, 더 오래 도서관을 지켰고, 더 열심히 공부했다. 체력 관리를 위해 날마다 팔굽혀펴기나 달리기를 하는 친구들이었다.

특별한 사람은 없다. 비범한 길도 없다. 그저 평범한 길을 더 열심히 간 사람이 특별하고 비범해질 뿐이다. 수학능력시험 만점자들이 늘 이렇게 '교과서적인' 말을 하는 것은 지극히 당연하다.

"특별한 비법은 없다. 복습에 충실했고 개념을 제대로 파악하려고 애썼다."

그저 굉장히 열심히 해보라. 시작하고, 인내하고, 집중하고 노력하라. 대신 다른 사람이 실행하지 못하는 수준으로 해보라. 바로 그것이 비법이다.

특별한 사람은 없다.

비범한 길도 없다.

그저 평범한 길을 더 열심히 간 사람이

특별하고 비범해질 뿐이다.

저자

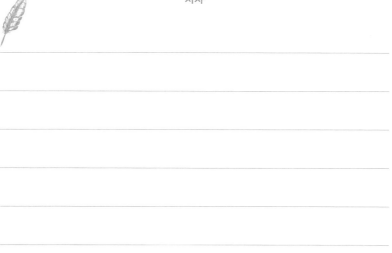

오늘의 질문

내가 특별한 사람이 되기 위해 더 열심히 해야 할
평범한 방법이 있다면 무엇인가?

실패를 거듭한 것이
성공의 이유입니다

보통 사람들은 길이 두 갈래라고 생각한다. 그중 한쪽 끝에는 성공이, 다른 한쪽 끝에는 실패가 있다고 생각한다. 길을 가다 실패를 만나면 '이 길이 아닌 다른 길을 갔어야 했는데…' 하고 후회한다.

하지만 성공한 사람들은 그 생각이 틀렸다는 것을 안다. 사실 길은 하나다. 이리저리 구불구불한 길. 실패는 그 길을 따라 곳곳에 놓여 있다. 실패, 실패, 실패…. 그들은 계속 실패를 거듭하면서도 그 실패를 극복하고 전진하는데, 성공은 그런 실패 뒤에 선물처럼 놓여 있다.

무엇을 공부해야 하는가. 어떻게 공부해야 하는가. 잘 몰라도 괜찮다. 단박에 성공하겠다는 마음은 욕심인 데다, 대체로 불가능한 미션이다. 우선 그저 시도해 보자. 실패하더라도 거듭 시도해 보자. 당신은 실패를 거듭함으로써 공부하는 법을 터득할 수 있다.

나는 살아오면서 계속 실패를 거듭했다.

그것이 내가 성공한 이유이다.

마이클 조던, 미국 농구 선수

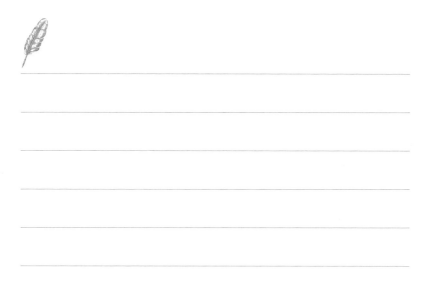

거듭해서 실패했지만 계속 하다 보니
성공에 도달한 경험이 있는가? 있다면 무엇이 있는가?

다른 결과는
다른 원인을 요구한다

우리가 원하는 것은 멋진 결과다. 그런데 모든 결과에는 반드시 원인이 있다. 이전과 다른 결과를 원한다면 다른 원인이 필요하다. 그러니 변화가 필요한 대상은 결과가 아니라 원인이다. 열매를 원하는 농부는 뿌리에 비료를 뿌리는 법이다.

우리에게 일어난 모든 일은 우리가 행동한 결과다. 우리가 행한 모든 행동은 우리가 생각한 결과다. 그러므로 우리에게 일어난 모든 일은 우리가 생각한 결과다.

세상을 바꾸는 일은 어렵지만, 생각은 당장 그 자리에서도 바꿀 수 있다. 그렇다면 세상과 행동과 생각 중에서 당신이 먼저 바꿔야 할 것은 무엇인가.

당신은 무슨 꿈을 꾸고 있는가. 그 꿈을 위해 당신의 생각 중에 바꿔야 할 것은 무엇인가.

사람들이 꿈을 이루지 못하는 이유는
생각을 바꾸지 않으면서 결과만 바꾸려 하기 때문이다.

존 맥스웰, 미국 목사

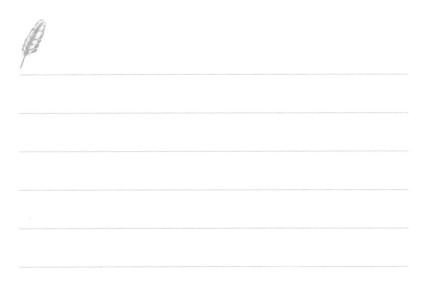

오늘의 질문

내가 원하는 결과를 이루기 위해
지금 바꾸어야 할 생각이 있다면 그것은 무엇인가?

무언가를 배우는
가장 확실한 방법

우리는 물에 뛰어듦으로써 수영을 배울 수 있다.

우리는 밥을 지어봄으로써 밥짓기를 배울 수 있다.

우리는 여행을 다님으로써 여행하는 법을 배울 수 있다.

우리는 피아노 건반을 두드림으로써 피아노를 배울 수 있다.

우리는 자전거의 페달을 밟음으로써 자전거를 배울 수 있다.

우리가 무엇인가를 배우는 가장 확실한 방법을 그것을 해보는 것이다.

공부를 잘하고 싶은가?

공부를 많이 해보면, 공부를 잘하게 된다.

미리 방법을 정립하려 애쓰지 말고 일단 출발하라.

시작하고, 판단하고, 수정하며 계속 나아가라.

우리는 오로지 사랑을 함으로써

사랑을 배울 수 있다.

아이리스 머독, 영국 소설가

직접 해보면서 무언가를 익혀본 경험이 있는가?
있다면 무엇인가?

고통을
즐거움과 연결하라

세계적인 영향력을 가진 동기부여가 앤서니 라빈스는 "성공의
핵심은 고통스런 과정을 즐거운 결과와 연결하는 능력에 달려
있다"라고 말한다.

모델도, 아이돌도 맛있는 음식을 배불리 먹고 싶어한다. 다만
음식의 절제가 성공과 직결된다는 것을 알기에 참는다. 운동선
수도 강도 높은 훈련이 괴롭다. 다만 뼈를 깎는 노력만이 승리
와 직결된다는 사실을 알기에 버틴다.

공부도 이와 같다. 오랜 집중의 고통, 고난도 문제 앞에서의 막
막함. 중간고사 공부보다 게임이 즐겁고, 도서관보다 테마파크
가 즐겁다. 다만 고통의 과정이 목표 달성과 직결되기에 흔쾌히
받아들이는 것뿐이다.

우리는 고통과 결과를 연결하는 회로를 놓아야 한다. 회로는 들
판에 난 길과 같아 자주 다니면 점점 분명해진다. 고통이 느껴
지는 순간, 고통에 항복하지 말고 즐거운 결과를 상상하자. 반
복하면 뚜렷한 회로가 생긴다.

성공의 핵심은 고통스런 과정을
즐거운 결과와 연결하는 능력에 달려 있다.

앤서니 라빈스, 미국 동기부여가

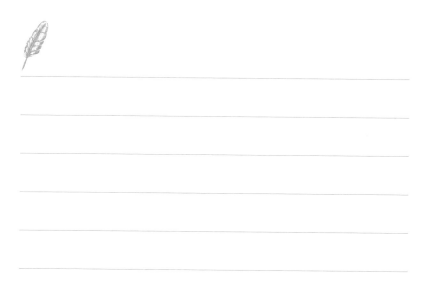

지금 공부가 고통스러운가?
나는 이때 어떤 즐거운 장면을 상상할 수 있는가?

나만의 공부 리듬을
찾는 법

《연금술사》의 작가 파울로 코엘료는 1년을 셋으로 나눈다. 공적인 스케줄로 정신없이 바쁜 시간, 가족 및 지인과 교류하는 시간, 아무도 모르는 시골 헛간에 틀어박혀 글을 쓰는 시간이다. 넉 달 사이클의 리듬 덕택에 코엘료는 소통과 다작의 두 마리 토끼를 모두 잡는 작가가 되었다.

성공한 사람들은 대부분 자신만의 작업 리듬을 가지고 있다. 휴식과 건강을 챙기면서도 최대의 생산성을 낼 수 있는 절묘한 삶의 균형점이다. 물론 그런 리듬이 단박에 찾아지는 건 아니다.

공부하는 사람은 고양이처럼 예민해질 필요가 있다. 섬세하게 관찰해 보자. 아침에 공부가 잘되는지, 저녁 운동은 자신에게 맞는지, 식사는 어느 정도가 적절한지 말이다. 관찰하고 수정해서 당신의 리듬을 찾아내라. 남이 어떻게 하는지가 아니라, 나만의 최고 리듬을 예민하게 발견해 내야 한다.

나만의 리듬으로 걸어라.

남의 속도에 맞출 필요는 없다.

프리드리히 니체, 독일 철학자

공부를 최고로 끌어올려 줄 나만의 리듬이 있는가?
있다면 무엇인가?

따라 하기 공부법

신경-언어 프로그래밍(NLP)에서는 성공에 이르는 핵심적인 기술로 '본받기'를 제안한다. 우리는 성공한 사람을 본받기함으로써 성공할 확률을 높일 수 있다. "우리가 원하는 성공을 이뤄낸 사람이 있고, 우리 역시 그 사람과 동일한 시간과 노력을 기울인다면, 그 사람이 얻은 것과 동일한 결과를 얻을 수 있다"는 것이 NLP의 핵심이다.

성공한 사람들은 모두 본받기의 달인이다. 모르는 길을 갈 때는 먼저 간 사람을 따라가면 된다. 공부도 결국 본받기다. 원어민을 잘 따라 하는 사람이 영어를 잘하고, 수학자들의 사고 체계를 잘 모방하는 사람이 수학을 잘한다. 글쓰기는 또 어떤가.《엄마를 부탁해》의 작가 신경숙은《난장이가 쏘아 올린 작은 공》을 베껴 적으면서 소설 쓰는 법을 배웠다.

공부도 이렇게 하는 거다. 우선 따라 할 대상을 정해보자. 그리고 그 사람이 하듯이 당신도 하자. 최고를 따라 하면 최고가 된다.

성공한 사람을 따라 하라.

그들이 걸어온 길은 이미 검증된 길이다.

앤드류 카네기, 미국 기업인

내가 더 나아지기 위해서는
누구의, 어떤 것을 따라 하면 좋을까?

나만의
공부 원칙이 있는가

원칙을 가지면 좋은 점이 두 가지 있다.

첫째, 판단이 지체되는 시간을 줄일 수 있고,
둘째, 순간적인 잡념에 이끌려 잘못된 판단을 내릴 위험을 막을
수 있다.

원칙은 나침반과 같아서 풍향과 해류가 변하더라도 목적지를
향해 전진하도록 돕는다. 원칙은 단순하기에 기억하기 쉽고, 기
억하기 쉬우니, 참고하며 실천하기 용이하다.
2차 세계대전을 승리로 이끈 윈스턴 처칠은 "지옥에 있거든 계
속 나아가라"는 원칙을 제시했다. 단순하지만 강력하다. 현재
발을 딛고 있는 곳이 지옥이라면 벗어날 방법은 단 한 가지, '빨
리 움직이는 것'뿐이다. '지옥 같은 현실'이라고 불평하기보다
부지런히 나아간 처칠은 결국 승리했다.
분위기에, 상황에, 기분에, 점수의 오르내림에 휩쓸리지 말고
당신의 원칙을 지켜라. 대성공은 대원칙을 세워 밀고 나가는 이
의 몫이다.

현명한 이들은 오르내림에 관계없이 기본 원칙을 지킨다.

경솔한 이들은 감정적으로 일에 뛰어들거나 혹은 포기한다.

레이 달리오, 미국 금융인

오늘의 질문

상황과 감정에 휘둘리지 않는 나만의 공부 원칙이 있는가?

1만 시간의 법칙

공부하는 사람이라면 당연히 '1만 시간의 법칙'에 대해 알아야 한다. 알다시피 성취는 재능과 연습으로 이루어진다. 처음에는 재능이 중요한 것처럼 여겨질 수도 있다. 그런데 재능 있는 사람들을 관찰할수록 "재능의 비중은 사라지고 연습의 역할이 부각된다"는 사실이 밝혀졌다. 신경학자 대니얼 레비틴은 이를 체계적으로 연구하여 '1만 시간의 법칙'을 정립했다.

"작곡가, 운동선수, 작가, 그 밖에 어느 분야건 연구를 거듭할수록 이 수치를 확인할 수 있다. 1만 시간은 하루에 3시간씩 10년을 연습한 것과 같다. 어느 분야에서도 이보다 적은 시간을 연습해 세계적인 전문가가 탄생한 예가 없다."

1만 시간의 법칙은 '하면 된다'는 말의 통계적 증거인지도 모른다. 물론 무작정 하는 1만 시간이 아니라 효과적인 연습이어야 함은 당연하다. 그렇다면 당신도 할 수 있다. 다만 그 시간을 채울 수 있느냐의 문제일 뿐이다.

1만 시간을 투자하면 그 분야에 통달한다.

중요한 것은 열정과 혼을

얼마만큼 불어넣을 수 있느냐이다.

말콤 글래드웰, 미국 작가

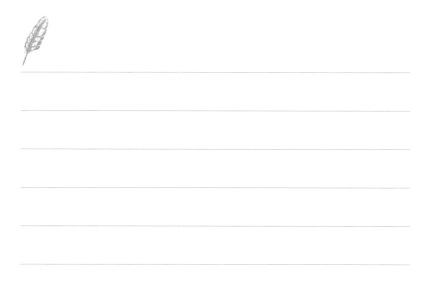

오늘의 질문

잘하기를 원하는 분야가 있는가?
나는 지금까지 열정과 혼이 담긴 시간을 얼마나 쏟아부었는가?

끙끙거림이
바로 공부다

수학 공부를 아무리 해도 성적이 안 오른다는 학생들은 대개 이렇게 공부한다. 개념이나 기초 이론을 대충 훑는다. 원리 도출 과정이나 공식 증명은 주마간산, 바로 예제로 넘어간다. 공식에 대입하는 문제야 막힘없겠지만, 생각을 요구하는 문제에 이르면 펜 끝이 멈춘다. 고민도 잠시, 해설을 보면서 답을 '이해해간다'. 이렇게 문제집을 다 풀고는 '공부 다 했다'고 생각한다.

No. 틀렸다.

우선 개념과 이론을 다른 사람에게 설명할 수 있을 정도로 완전히 이해해야 한다. 그런 후에 문제를 잡는다. 문제를 풀 때도 해설을 보면 안 된다. 꽉 막혀서 끙끙대다가 겨우 찾아오는 '아하!'가 바로 실력이 느는 순간이기 때문이다. 해설 펴는 시간을 최대한 늦춰야 한다.

공부는 무엇보다 먼저 이치를 궁구(窮究)해야 한다. 사고력 향상에는 왕도가 없다. 이해가 안 되는 것을 이해해내면 그게 사고력 향상이다. 끙끙거려라. 그 끙끙거림이 바로 공부다.

공부에 있어 먼저 사물을 궁구하지 않는다면

책을 읽는다 한들 무슨 소용이 있겠는가.

서경덕, 조선 유학자

오늘의 질문

나의 수학 공부에 이치를 궁구함과 끙끙거림이 있는가?

당신은 이미
답을 알고 있다

첫째, 당신이 이루고 싶은 목표를 적어라.

영어 단어 마스터하기

둘째, 친구가 위에서 적은 목표를 들고 당신에게 조언을 구하러 왔다고 생각해 보자.

이번 방학에 영어 단어를 마스터하고 싶은데 어떻게 하면 될까?

셋째, 당신은 어떤 조언을 해줄 것인가. '그대로 실천하면 안 될 리가 없는' 조언이어야 한다.

우선 단어장을 사. 예문이 있는 두꺼운 거. 하루 50개씩 깜지를 쓰면서 외워. 외운 다음 계속 가지고 다니면서 너덜거릴 때까지 보고 또 봐.

넷째, 바로 당신이 그렇게 하라.

사실 성공에는 대단한 비밀이 없다. 당신은 이미 답을 알고 있다.

너를 자기 밖에서 구하지 말라.

내 안에 모든 자연법칙이 들어 있다.

랄프 왈도 에머슨, 미국 철학자

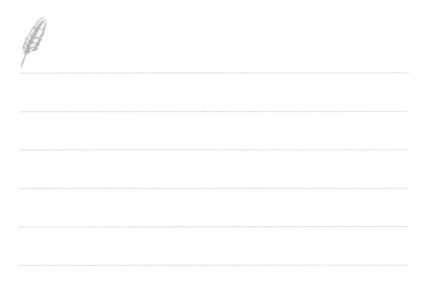

오늘의 질문

나의 목표를 적어라. 그 목표를 이루기 위한 조언을
나 스스로에게 해보자. 그리고 그렇게 하라.

공부의 기본 :
모르는 것을 안다

"공부가 무엇이라고 생각하는가?"
"어떤 행동을 '공부한다'라고 말하는가?"

학생들에게 물으면 다양한 답이 돌아온다. 책을 읽는 것, 암기하는 것, 강의를 듣는 것, 문제집을 푸는 것, 책상에 엉덩이를 붙이고 있는 것 등등.
완전히 틀린 답은 아니지만, 그렇다고 온전한 답도 아니다. 기껏 해봤자 공부 과정의 일부일 뿐이다. 달리 말하면 공부를 제대로 모른다는 것이고, 무엇인지도 모르고 공부를 하니 공부가 어려울 수밖에 없다. 성적은, 더 말할 필요가 없으리라.

그렇다면 공부란 무엇일까?
공부란 '모르는 것을 아는 일'이다. 너무 단순하고 평범한가? 그렇지 않다. '모르는 것을 알아야 비로소 공부한 것'이라는 말을 뒤집어 생각하면, '모르는 것을 알아내기 전에는 아직 공부한 것이 아니'라는 말이 된다.
책을 읽었다고 공부한 것이 아니다. 무슨 내용인지 말할 수 있어야 공부를 한 거다.

학원에 빠지지 않은 것이 공부한 것이 아니다. 오늘 들은 수업 내용을 말할 수 있어야 공부를 한 거다.

문제집을 풀었다고 공부한 것이 아니다. 해설지를 보지 않고도 문제를 깔끔하게 설명할 수 있어야 공부를 한 거다.

도달해야 할 꼭대기는 명확하다. 모르는 것을 아는 일이다. 어떤 길을 따라 거기에 이를지는 사람마다 다를 수 있다. 공부 방법이 다양한 이유다. 먼저 걸어간 사람들의 발자국을 따라갈 수도 있고, 당신만의 길을 개척할 수도 있다.

누군가를 따라가는 편이 수월하면 그렇게 하라. 자신의 방식이 더 맞는 듯싶으면 그렇게 하라. 대신 힘들어도 멈추지 말고 나아가야 한다. 산꼭대기에 도달하려면 어차피 봉우리 몇 개는 넘어야 한다.

'모르는 것을 알아 간다.'

'알지 못했으면 아직 공부한 것이 아니다.'

이 공부의 기본만 가슴에 새기면 어떤 방식을 택하든 거기가 당신의 길이다.

chapter 2

공부의
태도

결단이 먼저다

진정한 결단이란 결코 흔들리지 않는 결심을 말한다. 대리석에 새긴 것처럼 변하지 않아야 한다. 무슨 일이 있더라도 물러서지 않으리라는 결심, 그것이 바로 진정한 결단이다.

간절히 원하는 삶으로 도약하기 위해서는 반드시 진정한 결단을 해야 한다. 자신에게 물어보자. 나는 결단을 내린 사람인가? 반드시 공부를 잘 해내겠다고 진정으로 결단한 사람인가? 공부 기술이나 학원 선택 따위를 고민하기 전에 결단이 먼저다.

교과서를 완벽하게 마스터하겠다는 결단.

수업 내용을 단 한 조각도 놓치지 않겠다는 결단.

원어민처럼 줄줄 회화를 하고 말겠다는 무조건적인 결단.

결단한 사람은 기준이 높고, 기준이 높은 사람은 담대하게 노력한다. 여러분은 정말로 결단을 내린 사람인가?

결단을 내리고 용감하게 행하면
귀신도 이를 알고 피한다.

《사기》, 중국 역사서

_____

_____

_____

_____

_____

_____

오늘의 질문

지금 결단한다면 나는 무엇을 결단하겠는가?

시행착오는
최고의 교사다

시행착오 없이 단박에 성공하고 싶은가. 처음 길을 가는 사람은 당연히 헤매기 마련이고, 맞는 길을 찾기 위해서는 시간을 들일 수밖에 없다. 그것은 반드시 치러야 할 비용 같은 것이다. 정당한 비용을 치를 각오 없이 무엇인가를 얻으려 하면 두 가지 부작용이 따른다.

첫째, 결단을 내리지 못하는 우유부단한 사람이 된다. 완벽히 파악한 후에 움직이겠다는 말은 행동하지 않겠다는 말이다.
둘째, 방황이 주는 선물을 놓친다. 시행착오는 그 자체가 중요한 경험이다. 영국의 평론가 토마스 칼라일의 지적처럼 "경험은 많은 것을 알려주는 최고의 교사"다.

시행착오는 당연히 있다. 방황까지 포함해서 노력이다. 경험을 통한 깨달음만이 자신의 것이다. 과감하게 부딪혀라. 비용은 생각보다 크지 않다.

청년 시절에 갖가지 어리석은 행동을

경험하지 못한 사람은

중년이 되어 아무런 힘도 갖지 못할 것이다.

루신, 중국 소설가

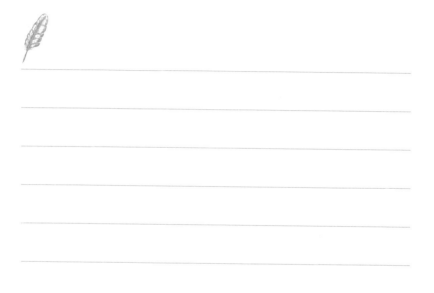

오늘의 질문

내가 시행착오를 각오하고
과감히 부딪쳐야 할 일(공부)은 무엇인가?

포기

포기(抛棄). 흔히 '포기'는 부정적인 의미로 받아들인다. 하지만 포기의 대상이 '보다 높은 목표를 위해 절제해야 할 것들'을 뜻한다면 포기는 '훌륭한 결심'이 된다.

공부는 왜 하려고 할까. 꿈을 이루기 위해, 보다 나은 내가 되기 위해, 행복해지기 위해서다. 그리고 이런 이유도 있다. 좋은 대학에 가기 위해, 혹은 좋은 직업을 얻기 위해서.
좋은 대학과 직업은 아무래도 경쟁이 따른다. 경쟁에서 이기려면 남들과 달라야 한다. '포기하는 사람이 되어야 한다'는 뜻이다. 모델을 꿈꾸는 사람이라면 라면을 포기해야 한다. 좋은 대학에 합격하려면 게임을 포기해야 한다. 자판기에서 음료수를 얻으려면? 물론 동전을 포기해야 한다.

여러분은 무엇을 얻고 싶은가. 그것을 얻으려면 무엇을 포기해야 하는가. 포기하지 말아야 할 중요한 가치를 위해, 나는 무엇을 포기할 것인가?

자제력은 그 중요성으로 볼 때
성공의 법칙들 중 가장 맨 앞에 있다.

존 버로우즈, 미국 자연주의자

오늘의 질문

목표를 위해 내가 포기해야 할 것은 무엇인가?

내일부터 하겠다
= 하지 않겠다

당신의 머릿속에는 악마가 살고 있다. 공부를 방해하는 악마다. 악마의 말에 당신이 자주 속아 넘어가는 것은, 그가 대단히 효과적인 전략으로 당신을 설득하기 때문이다. 악마는 절대 '그만두자'라고 말하지 않는다.

"수학 그만두자. 어차피 안 될 거야.", "그 꿈은 그만두자. 너한테는 무리라고." '안 되니까 그만두자'라는 말을 듣는 순간 사람은 반발한다는 것을 악마는 알고 있다. 대신 이렇게 넌지시 속삭인다.

"오늘은 쉬고 내일부터 하는 건 어때?"

해야 할 공부가 있다면 지금 하라. '내일부터 하겠다'라는 말은 '하지 않겠다'라는 말과 같다. 단 한 페이지라도 지금 읽어라. 단 한 걸음이라도 지금 내딛어라. 무언가를 해내는 가장 확실한 방법은 지금 당장 시작하는 것이다. 기억하라. 악마는 늘 '내일부터'라고 속삭인다는 것을.

많은 사람이 자신에게 주어진 기회를 잡지 못하는 것은
오늘 할 일을 내일로 미루기 때문이다.

새뮤얼 스마일즈, 스코틀랜드 작가

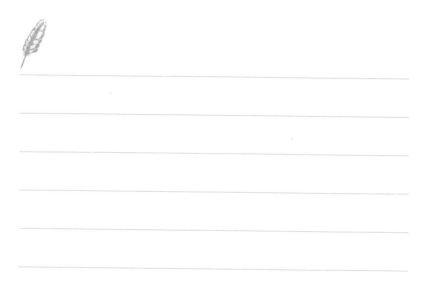

오늘의 질문

'내일부터'라는 속삭임에 나는 얼마나 자주 설득당하는가?

인생이란 빗속에서
춤추는 법을 배우는 것

누구나 바란다, 장애 없이 수월히 성공하기를. 누구나 바란다, 시행착오 없이 목표에 도달하기를. 누구나 바란다, 슬럼프를 겪지 않고, 마음고생 없이, 순탄하게 언제나 전진하기를.

하지만 여러분은 알아야 한다. 누구나 장애를 만나고, 시행착오를 겪고, 슬럼프에 빠져 마음고생을 한다는 것을.
그리고 또 알아야 한다. 장애 없이, 시행착오 없이, 슬럼프와 마음고생 없이 그 어떤 것도 얻을 수 없다는 것을.

비가 내리면 웃으며 맞자. 세상 만물이 비를 머금고 자라듯 그 비는 우리의 삶을 풍요롭게 만든다.

항상 햇살만 내리쬔다면

그곳은 사막이 되고 말 것이다.

파울로 코엘료, 브라질 소설가

오늘의 질문

나의 삶을 풍요롭게 가꾸어 줄 비를 맞고 있는가?
그 비는 어떤 비인가?

지면을 박차고 솟구치는
우주선처럼

지구를 벗어나는 우주선이 가장 많이 연료를 쏟아붓는 순간이 언제인지 아는가. 발사 순간이다. 정지 상태에서 움직이기 시작하는 순간에 에너지가 가장 많이 필요하다.

당신의 공부도 마찬가지다. 원하는 목표가 있는가? 성적, 합격, 자격증, 그 밖의 무엇이든 좋다. 목표가 있다면 이 질문에 답해보라.

"당신이 '지금까지' 해온 대로 계속해나가면, 그 목표를 이룰 수 있을까."

만약 "아니다"라고 답했다면 변해야 한다. 그리고 상태를 바꾸기 위해 에너지를 쏟아야 한다. 그저 그런 에너지가 아닌, 우주선이 지면을 박차고 솟구칠 때 쏟아내는 불덩어리 같은 에너지 말이다. 당연히 힘들 것이다. 하지만 기억하기를 바란다. '바로지금' 연료를 쏟아부어야만 '지금까지' 있던 자리에서 벗어날수 있다는 것을.

'바로 지금' 연료를 쏟아부어야만
'지금까지' 있던 자리에서 벗어날 수 있다.

저자

오늘의 질문

나는 오늘 나의 인생을 변화시킬 만큼
강렬하게 노력했다고 자신하는가?

공부하는 진짜 이유

공부의 목적을 결과에서 찾는 학생이 많다. 입시에 포함되지 않는 과목은 공부를 안 하려 하고, "어차피 잊어버릴 공부를 왜 하느냐"며 심통을 부리고, 자기 진로와 무관한 과목이라고 볼멘소리를 낸다.

하지만 그들은 이런 생각을 해본 적이 있을까. 공부의 목적은 '성적'이나 '지식 그 자체'에 국한되는 것이 아니라는 것을.

물론 성적과 입시도 중요하다. 그러나 결과를 얻기 위해 애쓰는 과정에서 우리는 인내심을 기르고, 노력하는 방법을 배우며, 계획의 설렘과 노력의 고됨과 성취의 기쁨을 경험한다. 사실 이것이 우리가 공부하는 진짜 이유다.

학생에게는 공부가 가장 중요한 일이라고들 말한다. 학생은 공부에 진지함으로써 그들의 삶에 보다 진지해진다. 그리고 삶을 보다 진지하게 대하는 사람은 인간으로서 보다 나은 인간이 될 수 있다. 공부는 성숙한 한 인간이 되어가는 과정이다.

하늘의 도움을 받으려면 늘 이렇게 질문해야 한다.

인간으로서, 올바른 일을, 올바르게 하는가?

이나모리 가즈오, 일본 기업인

오늘의 질문

내가 공부하는 이유는 무엇인가?

어쨌거나
일단 시작하자

《슬램덩크》를 제작하는 과정을 담아낸 다큐멘터리를 본 적이 있다. 작가 이노우에 다케히코는 칠판 위에 분필로 그림을 그리고 있었는데, 참 인상적이었다.

작가는 대강 선 하나를 긋고는 그 선에 기대어 다음 선을 그렸다. 그렇게 선에 선이 이어지더니 머리의 형태가 만들어졌다. 그러더니 그는 첫 번째 선을 쓱쓱 지웠다. 모든 선이 그 선으로 인해 자리 잡은 셈이지만, 전체적인 그림을 볼 때 첫 번째 선은 잘못 그려진 선이었다.

그가 만약 첫 번째 선부터 완벽을 고집했다면, 완전한 형태를 구상하기 전에는 아예 첫 발자국을 내딛지 않았다면, 영영 그림은 그려지지 않았을지도 모른다.

처음부터 완벽한 것은 결코 없다. 괜찮은 작품은 형편없는 초고에서, 위대한 걸작도 허술한 스케치에서 태어난다. 공부도 마찬가지다. 틀려도 좋다는 생각으로, 1쪽만 읽는다는 마음으로, 10분만 공부한다는 각오로 책상 앞에 앉자.

어쨌거나 일단 시작하자. 그것이 승리하는 길이니까.

완벽을 기다리지 말라.

일단 시작하면 완벽해질 것이다.

웨인 다이어, 미국 심리학자

오늘의 질문

일단 시작하는 것이 중요하다. 오늘 나는 이 조언을 실천했는가?

몰입의 삼요소

성공의 요건으로 '몰입'을 꼽는 이들이 많다. 몰입하면 시간 가는 줄 모르고 성공까지 맛볼 수 있다. 심리학자 칙센트 미하이는 몰입의 요소를 세 가지로 정리했다.

첫째, 목표가 있을 것. 응원하는 팀(목표)이 있어야 구경이 더 재미있다. 목표가 몰입도를 높여준다.
둘째, 피드백이 있을 것. 결과를 모르면 집중도가 떨어진다. 결과를 확인할 수 없다면, 몰입을 지속하기 어렵다.
셋째, 과제와 능력이 균형을 이룰 것. 적절한 난이도가 필수다. 게임도 스포츠도 실력이 비등할 때 가장 흥미진진하다.

세 가지 요건이 갖추어지면 우리는 '몰입'에 빠져든다. 그리고 '재미'와 '성공'을 경험한다. 결국 재미란, 누워 있는 사람의 입에 저절로 떨어지는 말랑말랑한 홍시가 아니다. 긴 막대기로 낑낑대며 따야 하는 밤에 가깝다. 공부하는 고통을 피하지 말라. 낑낑거림 속에 재미가 숨어 있다.

정말로 재미있는 일 중에서 고통이 따르지 않는 것은 없다.

가와이 하야오, 일본 심리학자

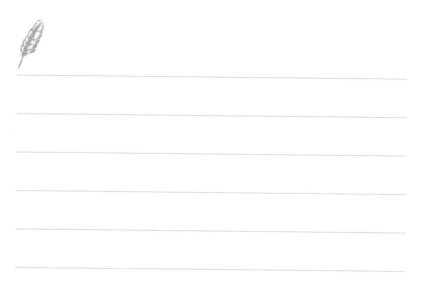

오늘의 질문

내가 몰입에 빠져들었던 경험을 떠올리며,
몰입의 세 가지 요소가 어떻게 포함되었는지 생각해 볼까?

미친 듯이 단순하게

성공의 비결은 정말로 단순하다.

살을 빼고 싶으면, 적게 먹고 많이 운동하면 된다.

시험을 잘 보고 싶으면, 덜 놀고 열심히 공부하면 된다.

인간관계를 넓히고 싶으면, 두루 만나고 더 베풀면 된다.

간단한 약속(윗몸 일으키기 하루 30개)은 너무 간단해서 잊어버리고, 어려운 결심(매일 새벽 5km 달리기)은 너무 어려워서 지키지 못한다. 이래저래 실천하지 않으니 성공은 항상 요원하다.

당신이 원하는 것이 무엇인지 적어보자. 그러고는 목표를 달성하기 위해 당신이 할 일을 가장 단순한 말로 적어보자. 딱 한 가지만 말이다. 그러고는 하면 된다.

성공의 비결은 정말로 단순하다. 그렇지 않은가.

미친 듯이 단순하게.

미친 듯이 단순하게.

미친 듯이 단순하게.

켄 시걸, 미국 광고 전문가

오늘의 질문

목표를 적어보자. 이 목표를 달성하기 위한 한 가지 행동은 무엇인가?

결단력을 기르는
네 가지 방법

공부를 통해 결단력을 길러보자. 결단을 내리는 연습을 하기에 공부는 더없이 좋은 수련장이다.

첫째, 진정한 결단을 내릴 것. '성적이 오르면 좋을 텐데'처럼 막연한 바람이 아니라, '이 단어집을 모두 외운다'같이 단호하게 결단하라.

둘째, 구체적인 행동을 하기 전에, 결단한 그 자리를 떠나지 말 것. 행동이 없는 결단은 아무것도 아니다.

셋째, 자주 결단할 것. '자투리 시간이 10분 있군. 독서에 집중하겠어.' 자주 결단하는 훈련을 하자.

넷째, 결단으로부터 배울 것. 실패할 수도 있다. 무리였을지도 모른다. 뭐 어떤가. 우리는 실패를 통해 또 배운다.

삶은 결단의 연속이다. 오늘 하루를 흐지부지 보냈다면, 당신은 '시간을 허비하기로' 결단하고 실천한 것이다. 어차피 결단해야 한다면 도움이 되는 결단을 내려야 하지 않겠는가.

우리가 진정으로 하겠다는 결단을 내린 순간
그때부터 하늘은 움직이기 시작한다.

요한 볼프강 폰 괴테, 독일 작가

오늘의 질문

내가 오늘 결단하고 실천까지 해낸 것은 무엇인가?

말로 마음을
움직이는 법

마음과 말은 연결되어 있다. 보통은 마음이 이끄는 대로 말이 나오지만, 반대로 말을 컨트롤하여 마음을 이끌 수도 있다.

"화가 나서 돌아버릴 지경" 대신 "기분이 좀 언짢군"이라고 표현하면 감정이 절제된다. "배고파 쓰러질 것" 같더라도 "약간 출출한데"라고 말하면 좀 더 견딜 만하다.

부정적인 표현은 조금 약하게, 긍정적인 표현은 조금 선명하게 하는 편이 좋다.

이 원리를 공부에 적용해보자. 방해되는 부정적인 생각은 조금 작게, 도움 되는 긍정적인 생각은 조금 크게.

공부하기 엄청나게 싫은 날에는 "오늘은 집중력이 '조금' 약한 날인걸"이라고 말할 것. 목표를 초과 달성한 날은 "오늘은 정말 대단했어!"라고 호들갑을 떨어볼 것.

말은 마음을 움직이는 키다. 감정의 파도를 지혜롭게 헤칠 줄 알아야 노련한 항해사다.

"오늘은 집중력이 '조금' 약한 날인걸."

"오늘은 정말 대단했어!"

저자

내가 습관처럼 하는 말이 있는가? 부정적인 생각은 조금 작게,
긍정적인 생각은 조금 크게 바꾸어 표현해 본다면?

앉으면 이긴다

막상 공부를 시작하면 계속하는 것은 어렵지 않다. 오히려 힘든 것은 책상까지 가는 일이다.

세계적인 소설가 무라카미 하루키도 책상에 앉기 싫은 날이 있다. 책상에만 앉으면 어떻게든 글이 나오는데, 엉덩이 붙이는 일이 쉽지 않은 날이다.

이를 해결하기 위해 하루키는 특별한 규칙을 만들었다. 바로 매일 일정한 시간을 같은 책상에 앉아 있는 것. 이때 글이 나오지 않는다고 굳이 스트레스를 받지는 않는다. 대신 일체의 딴짓은 금지. 그저 글을 쓰는 것과 똑같은 집중 상태로 앉아 있을 뿐이다. "그러다 보면 반드시 '어디 한번 써볼까?' 하는 마음이 슬며시 든다"고 하루키는 말했다.

하루키의 조언은 참고할 만하다. 공부하기 싫은 날에도 일단은 앉고 보는 거다. 공부를 안 해도 좋으니 적어도 엉덩이에서 지지는 말자. 그러다 보면 당신에게도 찾아온다. '어디 한번 해볼까?' 하는 마음이.

비록 한 줄도 써지지 않더라도 어쨌든 일단 앉는다.

아무튼 그 책상에서 두 시간 동안

버티고 앉아 있는 것이 우선이다.

무라카미 하루키, 일본 소설가

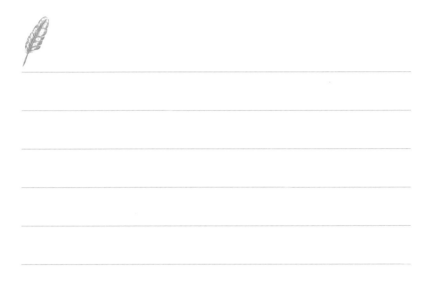

오늘의 질문

공부가 하기 싫을 때, 이를 해결하는 나만의 방법이 있는가?

닫힌 문에
얽매이지 말라

현장에서 학생들을 만나다 보면 부득이한 이유로 꿈이 꺾인 경우를 심심찮게 접한다. 축구 유망주가 부상으로 그만둔 경우도 있고, 키 성장이 더뎌 농구를 포기한 예도 있다. 좋아는 하지만 실력이 부족해서 포기하는 경우는 더 흔하다. 실패자라는 낙인을 스스로에게 찍는 친구들도 있다.

어쩌면 당신도 이미 그럴지도 모른다. 아직 아니라 하더라도 언젠가 당신에게 벌어질 일이다. 왜냐하면 진로가 틀어지는 일은 매우 흔하기 때문이다.

하나의 문이 닫히는 것은, 어딘가에 새로운 문이 열렸다는 뜻이다. 당신이 지금 가지고 있는 '대단히 훌륭한' 것들은 과거에 '그럭저럭 좋은' 것들을 놓아버렸기 때문에 찾아온 행운인지도 모른다. 눈앞의 닫힌 문에 사로잡히지 말자. 그사이에 더 빛나는 문이 '끼익' 하고 열리는 소리를 놓칠 수도 있다.

하나의 문이 닫히면 또 다른 문이 열린다.

하지만 닫힌 문을 너무 오래 보고 있으면

열려 있는 또 다른 문을 보지 못한다.

알렉산더 그레이엄 벨, 미국 발명가

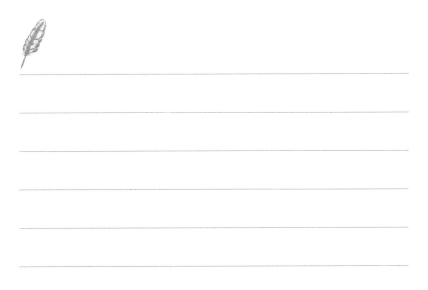

오늘의 질문

이미 닫혀버린 문에 사로잡혀 계속 그것만 바라본 적은 없었는가?

열심히 보다는,
다르게

궁즉통(窮卽通)이라는 말이 있다. 궁지에 몰리면 쥐도 고양이를 문다고, '궁하면 다 통하는 법'이라 해서 '궁즉통'이다. 그런데 정말로 막다른 곳에 이르면 어떻게든 해결이 될까?

궁즉통은 《주역》의 <계사전>에서 비롯된 말이다. 원문은 좀 더 길다. "궁즉변, 변즉통, 통즉구(窮卽變, 變卽通, 通卽久)." '궁하면 변하기 마련이고, 변하면 통하게 되는데, 한번 통하면 오래간다'는 뜻이다. 즉, '궁하면 저절로 통하는 것이 아니라, 변화해야 통할 수 있다'는 말이다. 그러니까 '막다른 지점에 닿으면 가만있지 말고 변하라'는 것이 궁즉통의 핵심 메시지다.

공부는 계속하는데 결과값은 제자리인 사람들이 많다. 성적에 변화가 없는 이들이다. 열심히 하지 않는 것도 아니다. 궁하지 않을 리도 없다. 그럼에도 불구하고 제자리인 것은 변하지 않기 때문이다.

당신이 꼭 그와 같다면, 열심히 하기보다 다르게 해보라. 바꿔보고 효과를 주시하라. 그러면 통할 것이다.

똑같은 일을 반복하면서
다른 결과를 원하는 것은 미친 짓이다.

알베르트 아인슈타인, 독일 물리학자

내 공부는 무엇을 어떻게 바꾸어야 다른 결과가 나올 수 있을까?

공부의 태도 : 태도가 상황보다 중요하다

'태도'라고 하면 흔히 어떤 자세를 떠올리곤 한다. 바른 자세 혹은 흐트러진 자세. 학생이라면 허리를 곧추세우고 설명에 집중하거나 반대로 책상에 엎드려 수업 따위는 듣는 둥 마는 둥 하는 누군가의 모습을 상상할 수도 있다. 하지만 태도라는 단어에는 본래 더 깊은 의미가 담겨 있다

태도(attitude)는 프랑스어 attitude와 이탈리아어 attitudine에서 넘어온 말이다. 그 뿌리는 '적합한, 알맞은'을 의미하는 라틴어 '앱투스(aptus)'에서 유래되었다고 한다. 즉, '어떤 상황에 아주 적합하고 알맞은 자세'가 태도가 지칭하는 의미라는 이야기다.

그러면 공부 하는 이에게 '적합하고 알맞은 자세'란 무엇일까.
물론 똑바로 앉아 시선을 책에 고정하고 있는 자세 또한 그것에 속할 것이다. 그러나 태도란 그러한 외적 자세에 국한되는 것이 아니다. 오히려 내적인 자세, 다시 말해 공부를 해 나가는 마음가짐이야말로 진정으로 중요한 자세라고 할 수 있다.

목표 달성을 방해하는 것들을 없애려고 노력하는가.

할 일을 오늘 당장 시작하는가.

지금 이 순간에 온 힘을 다하고 있는가.

방법을 궁리하며 이렇게 저렇게 시도하는가.

실패의 거듭에도 최후의 성공을 믿고 계속 정진하는가.

이 질문들에 '그렇다'라고 자신 있게 답한다면 당신의 태도는 공부에 적합하고 알맞은 자세에 가깝다고 평가할 수 있다. 유명한 정신과 의사 칼 메닝거는 항상 다음을 강조했다.

"태도가 상황보다 중요하다."

"Attitude is more important than facts."

주요 과목들에 대한 이해도, 지난 학기 성적, 최근 시험에서 받은 레벨 등 당신이 처한 이런 상황이 무의미한 것은 아니지만, 그 어떤 상황보다 중요한 것은 공부에 대한 당신의 태도라는 말이다. 태도가 당신의 공부를 결정한다. 태도가 당신의 미래를 결정한다.

chapter 3

공부의
기술

꿈을 이루는
첫 번째 기술

꿈을 이루는 첫 번째 기술은 '꿈'과 '목표'를 구분하는 것이다. 꿈은 물론 멋진 것이다. 그러나 꿈은 자칫 먼 미래에나 가능한 추상적인 상상으로 흘러갈 위험이 있다. 가슴 속에는 꿈을 품되, 도달할 수 있는 목표로 바꾸어야 한다.

꿈과 목표의 차이가 무엇인가. 가장 중요한 요소는 '기한이 있는가'의 여부다. 기한은 1년 이내. 길어도 3년 안에는 실현할 수 있는 목표여야 한다. 이를테면 '6개월 안에 원서 30권 독파', '3개월 안에 단어장 1회독 완성'처럼 말이다.

생성형 AI의 대표격인 챗GPT에서도 요청이 정교할수록 원하는 결과물을 얻을 가능성이 크다. 목표도 마찬가지다. 애매한 목표 설정은 애매모호한 결과를 낳는다.

꿈을 뚜렷한 목표로 바꾸자. 그리고 그 목표를 머릿속에 새기자. 그것이 꿈을 이루는 첫 번째 기술이다.

성공 노하우가 분명한데도
실제 행동으로 옮기는 사람은 1%밖에 되지 않는다.
그러므로 성공하는 것은 간단한 일이다.

간다 마사노리, 일본 컨설턴트

오늘의 질문

나의 꿈을 하나 적고, 기한이 있는 목표로 바꾸어 보자.

나의 목표는
SMART한가

꿈을 이루는 두 번째 기술은 목표를 현명하게 설정하는 것이다. 현명한 목표는 대개 'SMART 원칙'을 따른다.

S(Specific): 목표가 구체적인가. 막연하게 '유명한 작가'보다는 '1년에 한 권씩 책을 출간하는 전업 작가'가 낫다.

M(Measurable): 목표 달성이 측정 가능한가. '6개월 내에 교과서 3회독'처럼 성공과 실패가 분명한 목표여야 한다.

A(Agreed upon): 스스로 납득하는 목표인가. 억지로 짠 방학 계획표처럼 처음부터 의지가 희박한 목표는 금물. 목표를 보면 승부욕이 타올라야 한다.

R(Realistic): 목표가 현실적인가. 영어에 완전 젬병인 초보자가 1년 안에 외국 대학에 입학할 수는 없다.

T(Timely): 기한이 명확한가. 만약 당신의 목표에 '언제까지 해내겠다'는 기한이 없다면 그것은 목표가 아니다.

꿈을 이루고 싶은가. 목표로 바꾸자. 그것도 현명한 목표, SMART한 목표로 말이다.

명확한 목표가 없다면

우리는 일상의 사소한 일들을 처리하는 데 충성을 바치다가

결국 그 사소한 일들의 노예가 되고 만다.

로버트 하인라인, 미국 소설가

오늘의 질문

목표 한 가지를 정하고, SMART 원칙에 따라 답해보자.

단언컨대 공부의 출발은
운동이다

단언컨대 공부의 출발은 운동이다. 공부하기 전에 운동부터 해야 한다. 뇌과학적으로 확인된 이유야 차고 넘치지만, 가장 중요한 것만 세 가지를 꼽으면 다음과 같다.

첫째, 산소와 영양소를 뇌에 공급한다. 산소는 헤모글로빈이 혈액을 타며 옮기고, 영양소는 혈액에 실려 동맥을 따라 이동한다. 결국 혈액 순환이 잘 되어야 한다. 운동은 혈액 순환을 원활하게 한다.

둘째, 뇌 속 노폐물을 제거한다. 머리가 멍하다면 노폐물 때문이다. 노폐물은 정맥에 실려 빠져나간다.

셋째, 뇌세포인 뉴런과 뉴런 사이 시냅스에 신경전달물질의 양이 늘어난다. 다시 말해 뇌 내 소통 속도가 빨라진다. 머리가 잘 돌아간다는 뜻이다.

공부가 안될 때 억지로 앉아 있는 것은 어리석다. 몸을 움직여야 머리도 움직인다.

네가 이루고 싶은 게 있거든 체력을 먼저 길러라.

윤태호, 한국 만화가

공부가 안 될 때 나는 어떤 식으로
뇌의 컨디션을 끌어올리는가?

운동을 안 하면
뇌가 오그라든다

공부가 중요하다면, 공부하기 전에 운동부터 하라. 두뇌 회전이 빨라지고, 의욕이 다시 살아나며, 피로가 눈 녹듯 사라진다.

만약 즐겨 하는 운동이 있다면 바로 그것을 하라. 그러나 무얼 어떻게 해야 할지 모르겠거든 다음과 같이 하라.

첫째, 매일 30분 정도의 중강도 운동이 기본이다. 중강도란 땀이 조금 날 정도의 운동을 뜻한다. 달리기, 근력운동, 농구 등 무엇이든 좋다.

둘째, 공부하는 틈틈이 운동하라. 공부하다 집중력이 떨어지면 폰을 보지 말고 몸을 움직이자. 단 10분만. 스쿼트처럼 가벼운 근력운동이나 스트레칭이 안성맞춤이다.

셋째, 멘탈이 무너지면 운동한다고 정하여 두라. 멘탈이 흔들리면 공부 효율은 바닥이다. 자리를 박차고 나와 운동을 해보자. 그러면 다시 의욕이 고개를 들 것이다.

운동의 진정한 목적은 뇌의 구조를 개선하는 것이다.

운동을 안 하면 실제로 뇌가 오그라든다.

존 레이티, 미국 정신과 의사

매일 하는 운동이 있는가?
없다면 지금 당장 운동 계획을 세워보자.

공부와 수면

수험 생활을 '잠과의 싸움'이라 여기는 학생들을 종종 본다. 자신 있게 말할 수 있다. 중대한 착각이라고. 잠은 충분히 자야 한다.

잠을 자는 동안 우리 몸에서는 여러 가지 일들이 일어난다. 성장 호르몬이 나오고, 피로 물질이 해소되며, 자가 면역 기능이 활성화된다.

물론 공부를 위해서도 잠은 필수이다. 잠을 자는 동안 우리 뇌는 기억을 조정하기 때문이다. 깨어 있는 동안 우리는 많은 정보를 받아들이는데, 수면 중에 뇌는 중요한 것만 남기고 나머지는 삭제한다. 또한 과거의 정보를 업데이트하거나 새 버전으로 편집해 저장하기도 한다.

사실상, 잠자는 것도 공부의 한 부분이다. 충분히 자야 하고 최적의 수면을 취해야 한다.

공부하다 너무 졸리면? 그냥 자면 된다.

휴식은 학습의 필수 조건이다.

충분한 수면 없이는 뇌가 제대로 작동할 수 없다.

매슈 워커, 미국 신경학자

오늘의 질문

너무 늦게 자지는 않는가?
개선해야 할 나의 수면 습관은 무엇인가?

재미는
목표에서 나온다

우리가 즐기는 게임은 목표와 피드백이 빈틈없이 구성된 프로그램이다. 적기를 쏘아 격추하든, 몬스터를 때려잡든, '명확한 목표가 제시되고 목표 달성에 대한 화려한 피드백이 주어지는 것'이 게임의 본질이다. 아무리 오래 해도 레벨업이 되지 않는 롤플레잉 게임을 한다고 생각해보라. 무슨 재미가 있겠는가.
스포츠나 악기 연주, 직장에서의 승진과 성공시켜야 할 프로젝트도 모두 마찬가지다. 목표가 있고 장애가 있으며, 그 사이에 피드백이 있기에 흥미진진해진다.

재미는 목표에서 나온다. 공부가 재미없게 느껴지거든 목표를 세워보라. 작은 것도 괜찮다. 일단 세운 후에 도달할 수 있을지 없을지 최선을 다해 매달려보자. 목표를 향한 피드백에 당신은 재미를 느낄 것이다.
이렇게 공부 재미가 붙었다면, 공부에 대한 걱정 따위는 접어도 좋다.

실패자로 분류된 95%의 사람들이 가진 공통점이 있다.
그들은 '인생의 명확한 목표'가 없었다.

나폴레온 힐, 미국 작가

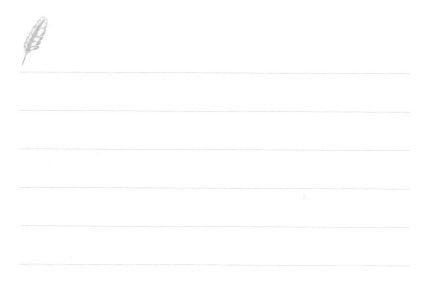

분명한 목표가 나의 시간을
더 흥미진진하게 만들었던 경험이 있는가?

바다를 건너고 싶다면
닻을 올려라

성공한 사람들이 아이디어가 떠오르자마자 공통으로 한 일은? 바로 행동이다. 깨달음을 얻은 순간, 즉시 실행하는 것. 주저하지 않고 바로 한 발자국 움직이는 것이 성공 비결이다.

철강왕 카네기는 젊은 3류 기자인 나폴레온 힐을 처음 만난 자리에서 "크게 성공한 사람들을 소개해 줄 테니, 앞으로 20년간 그들을 만나 성공 철학을 정리해보겠나?"라고 제안했다. 나폴레온 힐이 수락에 걸린 시간은 단 45초였다. 중요한 일이라고 판단한 순간, 바로 행동으로 옮겼다.

당신한테 부족한 것은 계획력인가, 실행력인가.

우리에게 필요한 것은 내일의 완벽한 계획이 아니라, 오늘 당장의 한 걸음이다. 지금 당장 행동하라. 바다를 건너고 싶다면 일단 닻을 올려라. 움직이면서 생각해도 늦지 않다.

계획을 실행으로 옮기는 가장 좋은 방법은
아주 작은 것 하나라도 행동으로 옮기기 전에는
계획을 세운 그 장소를 절대로 떠나지 않는 것이다.

앤서니 라빈스, 미국 작가

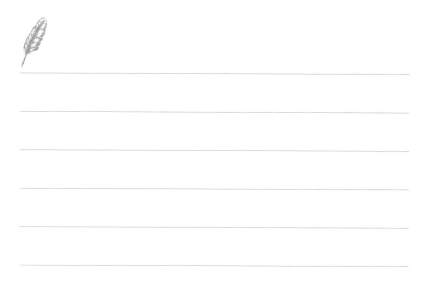

지금 나에게 가장 중요한 목표를 위한 계획이 있는가?
그중 하나를 지금 당장 실천해보라.

한 가지씩 집중해서
끝마쳐라

한 번에 여러 가지 일을 처리하는 사람들이 있다. 만약 그렇다면, 심지어 평소 당신이 멀티태스킹을 하려 애쓰고 있다면, 당장 그만두라. 수많은 연구가 "멀티태스킹은 환상에 불과하다"는 사실을 입증했다.

뇌가 작업하는 동안에는 다른 작업을 할 공간이 거의 나지 않는다. 과제를 하며 SNS를 하고 있다면 두 가지 일을 동시에 처리하는 것이 아니다. 단지 집중력이 과제와 SNS 사이를 오가는 것에 불과하다. 부작용은 크다. 실수 증가, 집중력 저하, 창의적 발상 역시 불가.

공부를 잘하는 비결은? 여러 가지를 동시에 벌여 놓는 것을 멈추고, 한 가지씩 집중해서 끝마치는 것이다. 수학 문제를 풀 때는 수학 문제만 풀고, 영어를 독해할 때는 영어만 보자. 바위를 꿰뚫었다는 한나라 명궁 이광의 화살처럼 우리의 눈빛으로 종이를 꿰뚫어야 한다.

삶의 기술이란 목표 하나를 선택해서
거기에 힘을 집중하는 것이다.

앙드레 모루아, 프랑스 작가

오늘의 질문

나에게는 한 번에 한 가지에만 집중하는 공부 습관이 있는가?

공부 지구력
트레이닝

"어떻게 하면 더 오래 공부할 수 있나요?"

우선 당신이 책상 앞에서 편안히 버틸 수 있는 시간을 정하자. 1시간? 훌륭하다. 30분? 괜찮다. 15분? 상관없다. 15분도 힘들다면? 10분, 5분도 좋다.

버틸 수 있는 시간을 찾았는가? 이제 그 시간 자체를 늘릴 차례다. 운동선수가 지구력을 기르는 훈련법은 인터벌 트레이닝이다. 폭발적인 질주와 휴식을 반복하는 것이 인터벌 트레이닝의 핵심. 공부도 똑같다.

당신의 한계가 10분이라면, '10분의 집중-휴식-10분의 집중'을 반복하는 거다. 10분이 익숙해지거든 15분으로 늘리자. 그다음은 물론 20분이다.

아무리 공부하기 싫어하는 사람도 시간을 초콜릿 조각처럼 잘게 쪼개면, 눈에 불을 켜고 집중할 수 있다. 시간을 쪼개라. 그리고 늘려라. 훈련을 반복하라.

아무리 힘든 목표라도 잘게 쪼개서 생각하면 쉬워진다.

슬로모 브레즈니츠, 이스라엘 심리학자

_____

_____

_____

_____

_____

_____

오늘의 질문

내가 지금 책상 앞에서 편안히 버틸 수 있는 시간은 얼마인가?

인생을 바꾸는 법

나쁜 습관을 고치는, 효과가 검증된 방법이 있다. 아래 단계를 따라가면 성공 확률이 높아진다.

첫째, 자신이 원하는 것과 그것을 가로막는 장애물을 알아낼 것. 변화의 첫 단계는 무엇을 원하는지 아는 것이다.

둘째, 변화하지 않는 것에 끔찍한 고통을 연결하고, 지금 당장 변화하는 것에 큰 즐거움을 연결할 것. 스스로에 물어보자. 변화하지 않는다면 어떤 대가를 치르게 될까. 반면에 당장 변화한다면 어떤 이익을 얻게 될까.

셋째, 나쁜 습관이 일어나는 패턴을 끊을 것. 나쁜 습관은 대개 비슷한 패턴으로 반복된다. 공부하다 슬그머니 유튜브를 켜고, 또다시 공부하다 슬그머니 유튜브를 켜고.

넷째, 나쁜 습관을 대신할 대안을 찾을 것. 유튜브를 켜려고 할 때, 참고 3분간 스트레칭을 하거나 5분간 명상을 한다.

당장 따라 해보자. 많은 사람의 인생을 바꾼 방법이다.

습관이 만들어질 때는 가는 실과 같지만
행동을 반복할 때마다 그 실은 조금씩 굵어진다.

오리슨 스웨트 마든, 미국 기업인

오늘의 질문

내가 가진 나쁜 습관 중 한 가지만 고칠 수 있다면
무엇을 고치겠는가?

뇌는 뜸들일 시간이
필요하다

경험에 비춰볼 때 내일 시작하기로 결심한 공부는 내일 아침부터 시작하기 어렵다. 새로 시작하는 공부는 새 신과 같아서 여기저기가 불편하다. 지체하다 보면 본격적인 공부 전에 몇 시간은 훌쩍 지나가 버린다.

커피를 핸드 드립으로 내릴 때 '뜸들이기' 과정이 있다. '원두 가루에 처음 물을 붓는 동작'을 말한다. 마치 점을 찍듯이 물을 조금만 붓고 30초 정도를 기다린다. 수분이 원두에 침투할 시간을 주는 것이다. 그러고는 물을 부어 커피를 추출한다. 뜸들이기를 거쳐야 좋은 커피 맛을 볼 수 있다.

공부도 마찬가지다. 내일 아침부터 할 공부라면 오늘 저녁에 발을 떼야 한다. 개요를 읽든, 한두 문제를 풀든, 약간은 시작해두는 편이 좋다. 우리 뇌도 커피 내리는 것과 같아 뜸들일 시간이 필요하다. 수분이 원두 사이사이에 침투하듯, 잠깐 들여다본 내용들이 잠자는 동안 머릿속을 적신다. 이렇게 하면 내일 아침에 책을 잡아도 묵은 신발처럼 편안하게 느껴진다. 본격적인 공부를 즉시 시작할 수 있다.

과거는 해석에 따라 달라지고
미래는 현재에 따라 달라지며
현재는 지금 무엇을 하느냐로 달라진다.

저자

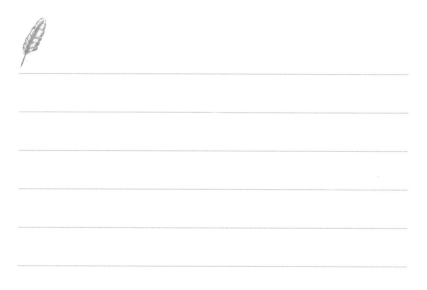

오늘의 질문

내일 하기로 계획한 공부 중에서 지금 약간의 뜸들이기를
실천할 만한 것은 무엇이 있을까?

공부 관리 3단계

공부 의지를 유지하려면 관리해야 한다. 관리의 3단계는 바로 '계획하기, 측정하기, 피드백'이다.

우선, 공부 계획을 세우자. 하루나 일주일 단위로 계획한다. 월요일에는 한 주 목표량을, 아침에는 오늘 목표량을 적는다. 노트에 간단히 메모하는 것으로 충분하다.

그런 다음, 공부량을 측정하자. 하루를 마감할 때 오늘의 공부량을 써보는 거다. 목표량 아래에 적으면 미달인지 초과인지 한눈에 알 수 있다. 일주일의 경우도 같다.

이제, 피드백 차례다. 공부량이 미달이라면 원인을 따져보자. 몸이 안 좋아 쉬었을 수도, 스마트폰에 시간을 뺏겼을 수도 있다. 목표치가 너무 높았는지도 모른다. 중요한 점은 피드백을 통해 다음 목표를 보다 현실적으로 잡는 것이다.

측정하지 않으면 관리할 수 없고, 관리하지 않으면 달성할 수 없다. 공부는 긴 여정이다. 건강을 관리하는 사람이 장수하듯, 공부를 관리하는 사람이 멀리 간다.

승리의 비밀은 지속적이고 일관된 관리에 있다.

톰 랜드리, 미국 미식축구 감독

오늘의 질문

나는 공부를 무턱대고 하는 편인가, 관리하며 하는 편인가?
공부를 관리한다면 어떻게 관리하는가?

메타인지를 높이는
두 가지 기술

공부를 잘하는 사람은 공통적으로 메타인지가 뛰어나다. 메타인지란 '내가 알고 있다는 사실을 알고 있는 것'을 의미한다. 메타인지가 높은 사람은 모르는 부분을 골라서 공부하니 공부 효율이 높을 수밖에 없다. 중요한 것은 메타인지를 높이는 방법이다.

첫째, 공부 계획을 세우고 결과를 피드백할 것. 자꾸 계획을 세우고 시도해봐야 자신의 능력치를 가늠하는 눈이 생긴다.
둘째, '공부를 마쳤다'면 그것을 말로 설명해볼 것. 만일 제대로 설명하지 못한다면, 아직 모르고 있는 것이 분명하다.

예상 점수와 실제 점수의 차이가 늘 크다면 메타인지가 부족한 것이다. 메타인지 향상에 초점을 맞추자. 성적은 덤처럼 따라온다.

다음 세 가지 착각이 메타인지 발달을 저해한다.

빠른 길이 좋다.

쉬운 길이 좋다.

실패 없는 길이 좋다.

리사 손, 미국 심리학자

오늘의 질문

메타인지를 높이기 위한 공부 방법에는 무엇이 있을까?

15분의 힘

'15분'은 삶의 여기저기서 의미 있는 시간으로 기능하는 것 같다. 군대에서 체력 측정 기준으로 삼는 3km 달리기는 15분 정도 소요되고, 사찰에서 하는 108배 역시 15분이 걸린다. 검도의 빠른 머리치기 훈련도 1,000개를 하면 딱 15분이다. 사람들에게 15분이란 시간은 부담스럽지 않으면서도 '해냈다'는 의미를 부여할 수 있는 역치인지도 모른다.

가끔 공부가 지독하게 안 되는 날이 있다. 억지로 앉아 있느니 차라리 바람을 쐬면서 기분 전환을 하는 편이 좋겠다 싶은 그런 날이다. 그러면 나는 '과감하게' 공부를 중단한다. 대신 바로 자리를 뜨지 않고 마지막 과제를 부여한다.

'딱 15분만 더 공부하기.'

그러고는 짧은 시간 동안 급가속하는 레이싱 카처럼 집중력을 쏟는다. 경험상 이렇게 하면 두 가지 장점이 있다.

첫째, 그날은 그만두더라도 다음 날 공부 시작하기가 쉬워진다.

둘째, 급가속하는 15분 동안 다시 공부할 마음이 나기도 한다.

그러면 계획대로 공부를 계속하면 된다.

장기간 마지못해 일한 후의 생산 결과는
짧은 시간 동안 즐겁게 일한 후의 생산 결과보다
덜 만족스럽다.

카터 굿리치, 미국 역사학자

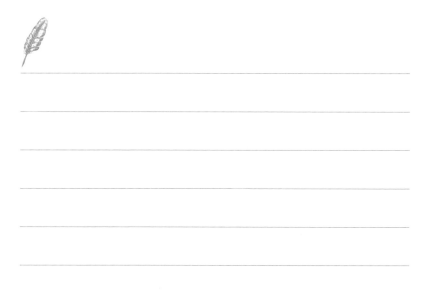

오늘의 질문

나의 하루에서 의미 없이 흘려보내는 15분을 찾아보자.
그 시간 동안 내 공부를 위해 어떻게 쓰면 좋을까?

무조건
중요한 공부부터

스탠퍼드대의 경영학자들이 이스라엘 가석방 시스템을 연구하던 중 흥미로운 결과를 발견했다. 휴식 시간 직후에는 가석방 승인율이 65%에 달했지만, 심사가 길어지면 0%까지 떨어졌다. 이유가 있었다. 가석방 심사가 계속되면 심사관들은 피로가 쌓이고, 피로가 쌓이면 판단력이 둔화된다. 판단이 쉽지 않을 때의 의사 결정은 대개 '기본값'으로 결정되는데, 심사를 받는 수형자들에게 기본값은 가석방 불가. 즉 '감옥으로 다시 돌아가는 것'이었다.

이 관찰이 말해주는 사실은 분명하다. 우리의 에너지에는 한계가 있으며, 에너지가 고갈되면 집중력이 떨어지는데, 의지만으로는 한계가 있다는 것.

공부도 마찬가지다. 의지는 한계가 있고 뇌는 쉽게 피로해진다. 사소한 일부터 처리하거나 스마트폰을 매만진다면 곧 중요한 공부를 할 에너지가 남아 있지 않을 것이다.

무조건 중요한 공부부터 하라.

하루라는 시간을 투자해 최고의 성과를 얻고 싶다면
의지력이 떨어지기 전에 당신의 가장 중요한 일,
그 한 가지 일을 일찍 해치워라.

게리 켈러, 미국 기업인

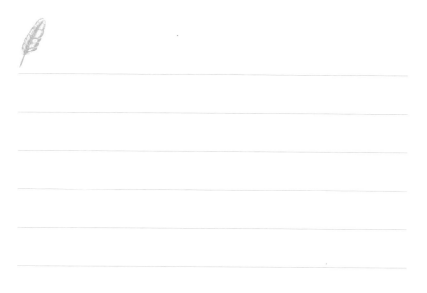

오늘의 질문

나는 중요한 공부와 중요하지 않은 공부를 구분하는가?
나는 어떤 순서로 공부하는가?

공부의 기술 :
진정한 기술은 꿀팁이 아니다

'공부의 기술'이라고 하니 요령이나 잔재주를 떠올리는 이가 있을지도 모르겠다. 철학이나 이론적인 뒷받침이 없는, 그저 반짝하는 효과에 그치는 이른바 '꿀팁' 같은 것 말이다. 실천은 쉽고 효과는 커 보이는 '꿀팁'은 매우 유혹적이다.

하지만 마라톤을 요령으로 달려낼 수 없듯, 지난(至難)한 공부 역시 꿀팁으로 성취하는 것은 불가능에 가깝다. '목표 세우기', '운동하기', '잠 충분히 자기', '한 번에 하나씩 공부하기' 등, 앞 챕터에서 다룬 공부의 기술들은 단순한 '꿀팁'이 아니다.

알다시피 공부는 뇌가 하는 일이다. 공부를 잘하려면 뇌가 최적으로 가동해야 한다. 그러면 어떻게 뇌를 최적으로 가동할 것인가. 이 문제에 대한 답들이 공부 기술의 핵심이다.

1) 뇌는 목표를 좋아한다

목표가 있을 때 뇌는 활발하게 움직인다. 목표에 도달했을 때 뿜어대는 신경전달물질인 도파민이 한 가지 예다. 도파민은 쾌감을 주는 신경전달물질로, 곧 목표가 있을 때 재미를 느낀다는 말이다. 목표를 정하고, 가다듬고, 강화하는 것은 중요한 공부의 기술이다.

2) 뇌는 운동을 좋아한다

진화생물학자들은 과거 먹을거리를 찾기 위해 끊임없이 움직여야 했던 수렵채집 시절의 유전적 기억이 여전히 우리에게 탑재되어 있다고 설명한다. 생존 가능성은 몸을 움직일수록 높아졌다. 우리가 움직일 때 뇌가 기뻐하는 이유다.

3) 잠을 충분히 자는 것과 하나씩 집중하기

잠이 부족할 때, 그리고 작업이 빠르게 전환될 때 분비되는 코르티솔은 뇌, 특히 고차원적 사고를 담당하는 전전두엽과 기억을 담당하는 해마를 위축시킨다. 그러면 공부가 효율적으로 될 리가 없다.

진정한 기술들은 결코 '꿀팁'이 아니다. 지면 위로 드러나지 않은 뿌리처럼 단단한 근거와 배경이 있다. 뿌리가 튼튼할 때 잎은 기름지고 열매는 풍성할 것이다.

chapter 4

공부의
자신감

모든 노력의 근본은
'참는 것'

공자의 제자 자장이 먼 길을 떠나기 전 하직 인사를 하며, 몸을 닦아 아름답게 하는 방법에 대해 말씀 듣기를 청했다. 공자는 이렇게 답했다.

"모든 행동의 근본은 참는 것이다."

노력의 근본은 참는 데 있다. 공부를 하다 보면 온갖 생각들이 우리를 방해한다. 스마트폰, SNS, 게임, 간식, 텔레비전 등등. 바로 그런 생각들을 따라가지 않는 것이 노력의 기본이다. 하고 싶은 것을 하지 않고, 하기 싫은 것을 해내는 것. 이것보다 더 단순한 노력의 원칙이 어디 있겠는가.

'참는 것' 한 가지만 제대로 지켜도 당신이 이룰 수 있는 일은 깜짝 놀랄 만큼 많을 것이다. 그리고 분명히 말할 수 있다. 당신이 무언가를 한 번 참아낼 때, 당신 안에는 무언가를 이룰 수 있다는 자신감이 한 뼘 자라날 것이다. 인내와 성공은 결국에는 한 지점에서 만나기 때문이다.

침착한 마음과 인내는 최고의 수행이다.

《망갈라숫따》, 불교 초기경전

내가 목표한 바를 이루지 못했다면,
그것은 무엇을 참지 못했기 때문인가?

부정적인 에너지를
신속하게 떨쳐내라

부정적인 에너지가 현실로 드러나기까지 우리는 세 가지 실수를 거친다.

첫 번째 실수는, '부정적인 생각'이다.
'왠지 이번 시험 망칠 것 같아.'
두 번째 실수는, '부정적인 말'이다.
"어쩌지? 이번 시험 망칠 것 같아."
마지막 실수는, '부정적인 행동'이다.
"이런! 어처구니없는 짓을."

생각이 잦으면 말로 나오고, 말이 반복되면 행동으로 이어진다. 이따금 '공부가 어렵다'는 느낌이 들 수 있다. 이때 '어렵다'는 느낌이 자라나지 않도록 신속하게 대처하는 것이 중요하다. 즉시 정반대로 하라. 일부러 긍정적으로 생각하고, 말하고, 행동하는 거다. '할 수 있어'라고 의도적인 자기 긍정을 반복하면 진짜로 자신감이 차오른다.

잘 안될 것이라고 계속 말하면
그 말을 증명할 좋은 기회가 찾아오게 된다.

아이작 싱어, 미국 소설가

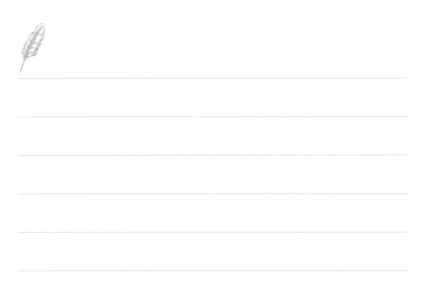

내가 습관처럼 하는 부정적인 말과 행동이 있다면 무엇인가?

하나의 길을 끝까지 가 보면
생기는 일

참고서 A를 주교재로 공부하는데 왠지 마음에 들지 않는다. B 강사가 괜찮다는 말을 듣고 강의를 결제했는데, 역시 진도가 잘 나가지 않는다. 그런 중에 C 학원이 잘 가르친다는 광고를 보고 마음이 흔들린다. A, B, C 사이에서 방황은 계속 이어진다.

물론 책마다, 강의마다 약간의 차이는 있다. 어떤 책은 95%, 또 다른 책은 90%만 담고 있는지도 모른다. 하지만 중요한 사실은 당신이 서 있는 출발점은 0%에 가깝다는 것이다.

방황하지 말라. 당신이 선택한 책과 강의를 빠짐없이 마스터하라. 그런 후에 다른 책과 강의를 참고하면 된다.

방황은 나를 지치게 하고, 공부를 어렵게 만든다. 지금 가는 길을 믿자. 하나의 길을 끝까지 가 보면, 또 다른 길을 갈 힘이 생긴다.

사람들이 성공하지 못하는 것은
성공의 길이 험하기 때문이 아니라
처음부터 끝까지 한 가지 일에
전념하지 않았기 때문이다.

벤저민 디즈레일리, 영국 정치인

오늘의 질문

내가 방황을 멈추고
한 가지 길로 전념해야 할 것이 있다면 무엇인가?

적당히 공부하면
안 되는 이유

"한스 브링커라는 네덜란드 소년이 제방의 작은 구멍을 팔로 막아 마을을 수몰로부터 구했다"는 이야기를 들어봤을 것이다. 비록 실화는 아니지만 귀담아들을 만한 가치가 있다. 작은 구멍을 막지 않으면 머지않아 치명적인 문제로 이어지기 때문이다. 수학을 예로 들어보자. 많은 학생이 개념을 완전히 이해하지 않은 채 문제 풀이로 넘어간다. 첫 번째 구멍이다. 막히는 문제가 나오면 잠깐 생각하는 척하다가 해설로 넘어간다. 두 번째 구멍이다. 이런 일이 반복되면, 결코 수학을 잘할 수 없다.

'적당히' 공부해서는 안 된다. 오늘 겪는 어려움은 어제 만든 구멍 때문이다. 오늘 만드는 구멍 때문에 내일 당신은 무너질지도 모른다. 기초가 없다고 주눅 들지 말고, 그저 개념부터, 쉬운 것부터 제대로 완전히 공부하라.

'적당히' 하는 사람이 되지 말라.

그것은 세상에서 가장 위험한 태도다.

휴 월폴, 영국 소설가

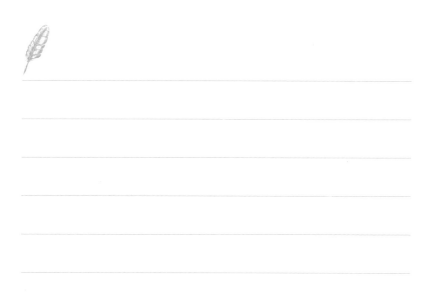

오늘의 질문

오늘 공부에서 구멍을 남긴 채 적당히 넘어간 것이 있는가?

일단 하루 치
공부에 성공하라

아침에 일어나거든 하루 동안 공부할 계획을 적어보자.

1. 공부 분량: 영어 단어 20개, 수학 문제 10개
2. 공부할 내용: 〈관동별곡〉 공부, 피타고라스 정리 증명
3. 공부 시간: 하교 후 복습 3시간

식당 주인은 하루를 마감하며 입출금 장부를 정리하고, 기업 재무팀은 매월 대차대조표를 작성한다. 그러므로 당신도 하루를 닫을 즈음, 계획과 실행을 가계부를 쓰듯이 맞춰보자.

달성하지 못한 분량이 얼마나 되는가. 예상과 어긋난 정도는 또 얼마나 되는가. 그리고 생각해 보자. 하루의 공부조차 이만큼의 오차가 났다면 평생의 꿈에서는 얼마나 큰 오차가 발생할 것인가.

높은 산도 결국 한 걸음의 축적이다. 하루 치 공부에 성공했다면 평생의 목표에도 도달하지 못할 리가 없다.

믿음을 가지고 한 걸음을 내딛어라.

전체 계단을 모두 볼 필요는 없다.

그저 첫 번째 한 걸음을 내딛어라.

마틴 루터 킹 주니어, 미국 인권 운동가

오늘의 질문

오늘 계획과 실행 사이의 오차가 있는가?
이 오차가 평생 계속된다면 어떤 결과가 일어날까?

'힘들다'고 중얼거리며 뛰는
마라토너

공부는 누구에게나 힘들다.

공부를 천직이라고 생각하는 사람, '공부 천재'라고 불리는 사람, 소위 '갓반고'에서 1등을 아무렇지 않게 하는 사람들에게도 마찬가지다. 평생 물고기를 잡아 온 어부지만 그물을 당길 때마다 힘든 것과 같은 이치다.

월드 클래스의 마라토너가 45.195km를 달린다면 고통이 없겠는가? 그렇지 않다. 그 시간은 인내의 시간, 혹독한 시간이다. 하지만 그는 결코 '힘들다', '그만두고 싶다'고 중얼거리며 달리지는 않는다. 달릴 수 없다고 중얼거리는 사람이 끝까지 완주할 수는 없다.

공부도 마찬가지다. '힘들다', '그만두고 싶다'라고 스스로에게 속삭이면서 공부를 잘할 수 있는 사람은 아무도 없다.

평소에 여러분은 자신에게 무슨 말을 자주 들려주는가.

자신은 할 수 없다고 생각하는 동안은
사실은 그것을 할 수 없다고 다짐하고 있는 것이다.
그러므로 그것은 이루어지지 않는다.

스피노자, 네덜란드 철학자

오늘의 질문

내가 힘들다고 느낄 때, 자신에게 습관처럼 들려주고 싶은
말이 있다면 무엇인가?

피그말리온 효과

심리학자 로버트 로젠탈은 한 초등학교에서 인지능력평가를 실시했다. 그중 20%의 학생들을 골라 '뛰어난 잠재력을 가진 영재'라고 교사들에게 통보했다. 그러고 1년 후 재시험을 치렀는데, 영재로 분류됐던 아이들의 점수는 높아졌다.

하지만 놀라운 사실은, 로젠탈이 선정한 20%는 순전히 무작위였다는 것이다. 그저 '영재로 성장할 것이라는 기대'가 어떤 결과를 낳는지 보기 위한 실험이었다. 이것이 그 유명한 '피그말리온 효과'이다.

사람은 기대한 대로의 사람이 된다. 기대를 받은 사람은 기대를 의식하고 기대에 부응하기 위해 행동하기 때문이다. 그런 행동의 축적은 실질적인 변화로 이어진다. 이것이 기대가 현실화하는 원리다.

여기서 보다 중요한 것은 자기 자신에 대한 기대다. 자신에 대한 기대는 100% 스스로의 몫이다. 당신은 당신이 기대하는 사람이 되어간다. 당신은 당신 자신에게 무엇을 기대하며 공부할 것인가.

인간은 누구나 다이아몬드로 태어난다.

애덤 그랜트, 미국 경영학자

나는 공부에서 얼마큼의 성과를 거둘 잠재력이 있다고
스스로에게 기대하고 있는가?

어항에서는 5cm
강에서는 120cm

일본에 '코이'라는 관상용 물고기가 있다. 흥미로운 것은 사는 환경에 따라, 무엇을 얼마나 먹느냐에 따라 코이의 몸집이 달라지기도 한다는 사실이다. 강에 사는 코이는 120cm까지 자랄 수 있다. 하지만 연못에 사는 코이는 20cm를 채 넘지 않고, 어항에서 기르면 5cm 남짓한 작은 고기가 된다.

여러분은 지금 어디에 있는가? 어항인가 강인가?
지금 당신이 공부하는 곳이 어항일지라도 강을 상상하자. 더 큰 무대를 그리고, 그 꿈을 먹으며 스스로를 성장시키자. 최선을 다하는 자만이 언젠가 강에서 뛰어놀 수 있다. 부지런히 성장해서 120cm까지 자라야 한다.

무슨 일을 하더라도
절대로 실패하지 않으리라는 것을 안다면
당신은 무슨 일을 시도하겠습니까?

로버트 슐러, 미국 목회자

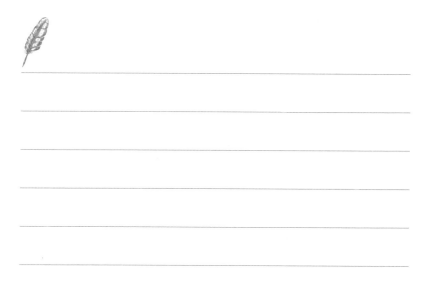

오늘의 질문

나는 지금 어디에 있는가? 어항인가 강인가?

마음의 식스팩을
키우는 방법

공부하는 데 필수적인 마음의 덕목들이 있다. 오래 견디는 인내심, 생각을 모으는 주의력, 계획대로 끝마치는 책임감, 주눅 들지 않는 자신감 등등. 그러나 '마음'은 형체가 없는 까닭에, 흔히 종잡을 수 없고 컨트롤할 수 없는 것이라고 지레 간주해버린다. 그러고는 "내 마음 나도 모르겠어"라고 말한다.

여기에 좋은 방법이 있다. 마음을 근육이라고 생각하는 것이다. 뇌과학자들은 마음을 강화하는 원리가 사실 근육의 그것과 비슷하다고 말한다.

처음 운동을 하면 근육은 통증으로 저항한다. 하지만 저항에 개의치 않고 꾸준히 운동량을 늘리면 근육은 입을 다물고 따라오게 마련이다. 마음도 근육처럼 대하면 된다. 인내심이나 책임감도 복근 키우듯 차근차근 키우는 거다.

작은 과제를 정하고, 해내고, 조금씩 전진하다 보면 언젠가 당신은 무거운 바벨을 가볍게 들듯, 어려운 공부도 수월하게 해낼 수 있게 될 것이다.

마음에도 근육이 있다.

몸의 근육처럼 체계적이고 반복적인 훈련을 하면 강해진다.

김주환, 한국 언론학자

오늘의 질문

공부에 필요한 마음 근육을 단련하기 위해
나는 무엇을 할 수 있을까?

막상 하니까
되던데?

오래전, 아이들에게 수학을 지도한 일이 있다. "이 문제 모르겠
어요"라고 문제집을 들고 오는 아이들에게 설명 대신, 나는 이
렇게 말했다.
"어떻게 풀었는데? 그렇군. 조금 더 해봐."

이렇게 말하며 아이를 돌려보내면 불만족스러운 기색이 역력
하다. 하지만 내가 그런 방식을 택했던 이유는 명확했다. 그렇게
몇 번을 퇴짜 맞은 후에 풀어오는 경우가 제법 있었고, 바로 그
럴 때 사고력과 자신감이 급상승한다는 사실을 알기 때문이다.

어려워 보여도 막상 해보면 해결할 수 있는 경우가 적지 않다.
불가능해 보이는 일이라 해도 일단 부딪쳐보자.
어쩌면, 당신은 당신이 생각한 것보다 강한 사람일지도 모른다.
"막상 하니까 되던데?" 하고 멋쩍게 웃는 당신의 모습, 멋지지
않은가.

아무리 어렵고 힘든 것 같아도 막상 하면 되는 것,

그게 인간의 위대함이다.

장한나, 한국 첼리스트

오늘의 질문

불가능해 보였지만 일단 부딪쳐서 결국 해낸 경험이 있는가?

지금보다 1%만 더

팻 라일리는 미국 프로 농구(NBA)에서 가장 많은 승리를 거둔 감독이다. 그가 선수들을 담금질했던 방법은 '점진적인 작은 발전'이었다. 바로 자신의 최고 기록을 단 1%만이라도 넘어서는 것.

선수들은 '1%의 발전'을 달성 가능한 목표라고 여겼고, 그런 믿음과 노력은 더 큰 결과를 낳았다. 선수 대부분은 5%의 발전을 보였으며, 50% 이상 향상된 선수도 많았다.

큰 변화를 원한다면 작은 개선을 목표로 삼아보자. '어제보다 공부 시간 5분 늘리기', '영어 단어 3개 더 외우기', '틈틈이 1분 스트레칭 하기'처럼 말이다.

작은 개선은 '할 수 있다'는 자신감을 준다. 그리고 자신감은 목표의 초과 달성으로 이어지곤 한다. 개선하자. 영원히 개선할 수 있다면 언젠가 최고가 될 수 있다.

성장하기 위해서는 변해야 한다.

완벽해지기 위해서는 계속 변해야 한다.

윈스턴 처칠, 영국 정치인

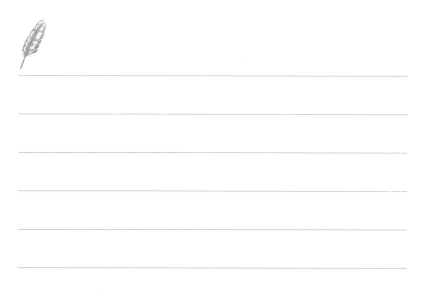

오늘의 질문

1% 발전을 목표로 하자.
이를 위해 나는 무엇을 어떻게 해야 할까?

4단계
성공의 법칙

내가 중학생이 갓 되었을 무렵 우리 마을에 도서관이 생겼다. 거기서 우연히《나폴레온 힐 성공의 법칙》이란 강렬한 제목의 책을 만났다. 당시엔 몰랐지만 나폴레온 힐은 사실상 성공학 분야를 처음 정립한 사람이었다. 그 책의 핵심이 지금도 기억난다. 성공 법칙 4단계였다.

1단계, 원하는 것을 명확히 하라.
2단계, 그것을 이루는 기한을 정하라.
3단계, 지불해야 할 대가를 결정하라.
4단계, 종이에 적어 하루 두 번씩 큰 소리로 읽어라.

내가 4단계를 모두 기억하는 이유는 적혀 있는 대로 따라 해보았기 때문이다. 쑥스러워서 4단계는 한 번도 한 적이 없지만, 원하는 것(대학 합격)을 명확히 했고, 기한을 정했으며, 지불해야 할 대가를 결정하고, 종이에 적었다. 실제로도 대가를 지불했다. 그리고 꿈을 이루었다. 누구든 꿈을 이룰 수 있다. 대가만 확실히 지불한다면!

첫째, 자신이 원하는 것을 결정하라.

둘째, 그 대가를 치르라.

두 번째 단계를 거쳐야 원하는 것을 이룰 수 있다.

넬슨 벙커 헌트, 미국 기업인

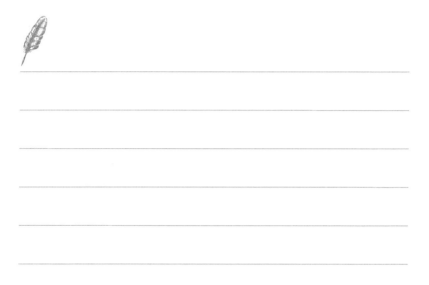

오늘의 질문

나의 목표는 무엇인가?
그 목표를 이루기 위해 지불해야 할 대가는 무엇인가?

석 달 만에
바닥에서 3등으로

중3 학생을 가르친 적이 있었다. 공부에 흥미가 없어 전 과목 성적이 고르게 바닥이었다. 무엇보다 '공부를 잘할 수 있다는 생각' 자체가 아예 없었다. 나는 이렇게 말했다.

"공부하는 방법을 일러줄게. 두 가지만 하자."

첫째, 학교 수업을 잘 들을 것.
둘째, 내가 가르친 방식대로 복습할 것.

우선 수업을 최대한 집중해서 듣는다. 수업이 끝나고 쉬는 시간에 진도 나간 교과서 부분을 한 번 읽는다. 기껏해야 두세 페이지(첫 번째 복습). 방과 후, 그날 배운 교과서를 모두 가져다가 진도 나간 부분을 다시 읽는다(두 번째 복습). 주말이 되면 그 주에 나간 진도를 모두 읽는다(세 번째 복습).

그렇게 단 석 달. 효과는 바로 나타났다. "시험 기간에 교과서를 펼치니 배운 것이 기억나더라"고 했다. '되겠다' 싶으니 의욕이 났다. 시험이 끝난 후 내게 반에서 3등의 성적표를 보여줬다. 영어, 수학을 제외하고 대부분 90점 안팎이었다.

불가능한 일을 해냈다는 것은 바로

더 불가능한 일도 곧 해결할 수 있다는 것을 의미한다.

레이 크록, 미국 기업인

성적이 급격히 올랐던 경험이 있는가?
그때 어떤 방식의 노력이 주효했나?

반복하라
완벽할 때까지

학원에, 인터넷 강의에, 문제집 여러 권을 전전해도 성적이 오르지 않는 이들이 있다. 머리가 나빠서도, 공부가 불가능해서도 아니다. 방법이 틀렸기 때문이다.

수학능력시험 영어영역이 80점 만점일 때의 일이다. 한 친구가 모의고사에서 28점을 받았다. 고1 때였다.

이 친구는 시리즈로 된 독해 문제집의 '기초편'을 사오더니 끝까지 쭉 풀었다. '기초편'을 다 봤으니, 보통은 '중급편'을 사서 공부할 것이다. 하지만 이 친구는 달랐다. '기초편'을 다시 보았다. 2회독. 그리고 또다시 보았다. 3회독. 시간이 지나면 군데군데 막히는 부분이 있다. 친구는 그 막힘이 완전히 사라질 때까지 7~8회독을 했다. 마지막 회독 때는 한 권을 보는데 단 이틀이 걸렸다. 그런 식으로 '중급편'과 '고급편'도 7회독 이상을 반복했다.

이 친구는 진짜 수능 영어영역에서 딱 하나 틀렸다. 오직 독해 시리즈 한 질과 교과서, EBS 문제집만으로 거둔 성과였다.

방법이 맞으면 성적은 오른다. 반복하라, 완벽할 때까지.

당신은 위대해질 방법을 이미 알고 있다.

다만 시작하지 못했고, 반복하지 못했을 뿐이다.

시작하라. 반복하라.

강수진, 한국 발레리나

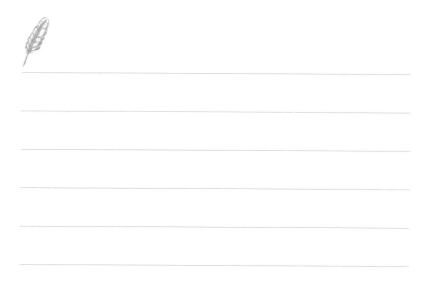

오늘의 질문

나는 완벽해질 때까지 반복해 본 경험이 있는가?

당신의 뇌는
무한하다

공부를 잘하려면 보통 두 가지가 필요하다고 한다. 타고난 머리와 후천적 노력. 대개는 두 가지가 적당한 비율로 섞여서 성적을 좌우한다. 그런데 타고난 머리는 변하지 않는 상수처럼 취급하는 경우가 많다. 마치 스마트폰에 탑재되는 반도체처럼 '태어날 때' 물려받은 것은 평생 간다고 생각한다. 과연 그럴까.

뇌과학에서 최근에 명확히 밝혀진 사실이 있다. 두뇌는 고정된 것이 아니라, 무엇을 학습하고 경험하느냐에 따라 끊임없이 변화한다는 것이다. 바로 '뇌가소성'이다.

가소성(可塑性)의 '소(塑)'는 '찰흙빚을 소'다. 미술 시간에 배운 '소조(塑造)'에 바로 이 글자가 들어간다. 찰흙은 주물럭대면 계속 모양이 변하듯 우리 뇌도 마찬가지다.

이것이 무엇을 의미할까. 당신의 뇌는 무한한 가능성을 가지고 있다는 뜻이다. 암기력, 이해력, 사고력이 얼마든지 나아진다는 말이다. 한계는 없고 무한한 가능성이 있다는 뇌과학적인 증거가 명확히 존재한다.

내일 당신이 무엇을 이룰 수 있는지에 대한 유일한 한계는
오늘 당신이 가지고 있는 의심뿐이다.

프랭클린 루즈벨트, 미국 대통령

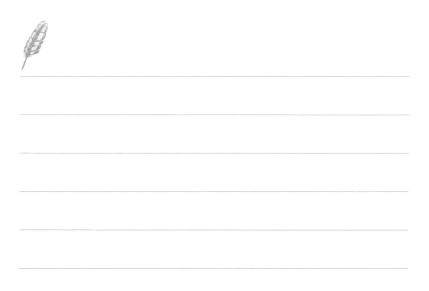

오늘의 질문

나에게 무한한 가능성이 있다면
내가 진정으로 이루고 싶은 것은 무엇인가?

공부의 자신감 :
당신은 달라질 수 있다

"인서울 대학 들어가기 어렵나요?"

"A대 힘든가요?"

"지금 성적은 이런데, B대 갈 수 있을까요?"

강의 하러 가면 빠지지 않고 듣는 질문들이다. 질문하는 학생들이야 나름 간절함과 용기를 담아 물어오지만 나는 그런 유형의 모든 질문에 동일한 답을 던진다.

"질문이 틀렸어요."

대학 진학이 그 자체로 어렵고 쉬운 것이 아니다. 지원한 사람이 누구냐에 따라 어렵고 쉬울 뿐이다. 더 중요한 사실은, 지원자의 실력과 점수도 본래 정해진 바가 없다는 것.

질문하는 이들은 대부분 같은 전제를 놓고 생각한다. 자신의 실력과 점수가 앞으로도 지금과 비슷할 것이라는 전제 말이다. 무의식적으로 스스로의 변화 가능성을 평가 절하하고 있다는 것을 그들은 생각하지 못한다. 과연 그럴까?

합격 여부는 바뀔 수 있다. 성적이 달라지면.

성적은 바뀔 수 있다. 실력이 달라지면.
실력은 바뀔 수 있다. 노력이 달라지면.
노력은 바뀔 수 있다. 방법이 달라지면.
방법은 바뀔 수 있다. 바뀌려는 마음가짐만 있으면.

가소성이 있는 우리의 뇌는 무한히 변할 수 있고, 이것은 우리가 가진 가능성에 대한 생물학적인 증거다. 물론 그 변화가 쉽다는 뜻은 아니지만, 변화가 불가능한 것은 단연코 아니다.

스스로에게 긍정적인 말을 반복하라. 스스로를 제한하는 부정적인 생각은 알아채는 즉시 끊어내라. 송두리째 바꿔야 한다는 부담감은 버려라. 하루에 단 1%씩만 달라져도 된다. 두꺼운 책을 마스터하는 것은 나중 일이다. 오늘은 그저 하루치 공부만 성공하자. 아주 조금씩 내딛어도 좋으니 한 걸음 한 걸음에 주의를 기울여 완벽하게 해내자.

아직 당신은 당신의 잠재력을 온전히 발휘해본 적이 없다. 그렇지 않은가. 결과 따위는 아예 제쳐두고 그저 한 가지에만 집중하라. 바로 오늘, 지금, 당신이 할 수 있는 일 한 가지에 말이다. 오늘 하루를 완전히 보낼 수 있다면 믿어도 좋다. 언젠가 당신의 바람도 완전히 이루어질 것이라는 사실을.

공부의 힘

2025년 3월 2일 초판 1쇄 인쇄
2025년 3월 10일 초판 1쇄 발행

지은이 | 한재우
펴낸이 | 이병일
펴낸곳 | 더메이커
전 화 | 031-973-8302
팩 스 | 0504-178-8302
이메일 | tmakerpub@hanmail.net
등 록 | 제 2015-000148호(2015년 7월 15일)

ISBN | 979-11-87809-57-9 (43190)

10대들의 공부 멘토 한재우 작가의 단단한 공부 조언

공부의 힘